EXPOSITION DE 1889.

LA GUADELOUPE

A L'ESPLANADE

DES INVALIDES.

BASSE-TERRE

IMPRIMERIE DU GOUVERNEMENT

1889.

NOTICE

GÉOGRAPHIQUE ET HISTORIQUE

SUR

LA GUADELOUPE

ET DÉPENDANCES.

BASSE-TERRE

IMPRIMERIE DU GOUVERNEMENT

1889.

[illegible] [illegible]
[illegible] [illegible]

[illegible]

[illegible]

NOTICE

GÉOGRAPHIQUE ET HISTORIQUE

LA GUADELOUPE ET DÉPENDANCES.

Dans la nuit du samedi 2 novembre 1493, Christophe Colomb, effectuant son second voyage dans le nouveau monde, jugea que la terre ne devait pas être éloignée; il fit mettre en panne et donner ordre de veiller attentivement.

Le célèbre navigateur ne s'était pas trompé; en effet le matin on signala dans l'ouest une terre élevée à laquelle il donna le nom de *Dominica* parce qu'elle avait été découverte un dimanche.

En continuant à avancer on vit sortir successivement de l'horizon plusieurs autres îles, toutes couvertes de forêts luxuriantes.

Colomb était arrivé au milieu de ce magnifique groupe d'îles appelées les Antilles.

N'ayant pu trouver un bon mouillage à la Dominique, on mit le cap sur une île voisine à laquelle Colomb donna le nom de son vaisseau *Maria-Galanta*, il y débarqua, et prit solennellement possession de l'archipel au nom de ses souverains.

De Marie-Galante Colomb se dirigea vers une grande île parcourue par une chaîne de montagnes élevées, il lui donna le nom de *Guadalupe*, ayant promis aux moines de Notre-Dame de Guadalupe en Estramadure de donner à une des terres qu'il découvrirait le nom de leur couvent.

Plus tard, Colomb apprit que les naturels de cette île l'appelaient *Turuqueira ou Caruqueira*.

Le 4, les Espagnols prirent terre dans le voisinage de Sainte-Marie, ils visitèrent un village composé d'une quarantaine de cases dont les habitants avaient fui à leur approche.

Ils trouvèrent dans les cases du coton brut, du coton tissé et filé avec art, des arcs, des flèches, des haches en pierre, des idôles en bois sculptées avec grand art, des vivres en grande abondance; mais ils furent saisis d'horreur à la vue d'ossements humains gisant sur le sol, de membres humains suspendus au plafond des cases, de la tête encore ensanglantée d'un jeune homme dont les membres rôtissaient devant le feu.

Ces terribles objets firent reconnaître à Colomb qu'il était dans le pays des *Caraïbes* dont il avait entendu parler lors de son séjour à Hispaniola, à son premier voyage, et qui étaient la terreur de ces mers.

Plusieurs femmes, enlevées par les Caraïbes dans les îles voisines, se réfugièrent auprès des Espagnols, et confirmèrent la pensée de Colomb.

En s'enfonçant un peu dans la forêt, les Espagnols découvrirent de nombreuses essences aromatiques ; ils trouvèrent du miel en abondance dans des troncs d'arbres et dans des infructuosités de rochers ; ils firent rencontre avec des bandes de superbes perroquets, et franchirent de nombreux cours d'eau.

Le 10, Colomb mit à la voile se dirigeant vers le nord-ouest, il donna au groupe d'îles qu'il rencontra, non loin du mouillage qu'il venait de laisser, le nom de *los Santos* en souvenir du jour de la Toussaint.

La Guadeloupe resta sous la puissance espagnole jusqu'en 1635, époque à laquelle elle passa sous la domination française. Le 28 juin, l'Olive et Duplessis s'y installent, le premier, à l'ouest de la pointe Allègre, sur la rivière du *Vieux-Fort;* le second, à l'est de la même pointe, sur la rivière dite du *Petit-Fort.*

La Guadeloupe est divisée en deux îles bien distinctes par un bras de mer de six milles environ de longueur, qui s'étend du nord au sud, et que les premiers colons ont appelé *la Rivière-Salée*, trompés qu'ils avaient été par son aspect.

Ce détroit, profond entre ses bords, et dont la largeur varie de 30 à 120 mètres, n'est navigable que pour des bateaux d'un faible tonnage, à cause des hauts-fonds qui se dressent à chacune de ses extrémités, et des palétuviers qui croissent en abondance sur ses bords.

L'embouchure nord de la Rivière-Salée s'ouvre sur une baie énorme, parsemée de moutons et de hauts-fonds, formée par le rapprochement des deux îles, et porte le nom de Grand-Cul-de-Sac. L'embouchure sud s'ouvre sur une baie moins profonde, parsemée d'îlets charmants et porte le nom de Petit-Cul-de-Sac, c'est au fond de ce Petit-Cul-de-Sac que se trouve construite la Pointe-à-Pitre.

L'île située à l'ouest de la Rivière-Salée porte le nom de Guadeloupe proprement dite ou de Basse-Terre; celle qui s'étend à l'est porte le nom de Grande-Terre.

La population de la Guadeloupe s'élève à 149,424 habitants (Recensement de 1884).

Guadeloupe proprement dite.

Cette île a la forme d'une ellipse irrégulière, dirigée N.-S., dont la partie sud tend à se terminer en pointe. Elle a une circonférence de 180 kilomètres, elle se termine, au nord, par la pointe *Allègre*, au sud, par la pointe à *Launay*.

De formation entièrement volcanique, elle a été formée par

quatre grands foyers, savoir : *Grosse-Montagne* dans le N. O., *Deux-Mamelles* au centre, *Soufrière* vers le sud, et enfin *Houëlmont* qui a formé le grand promontoire terminé par la pointe à Launay.

Le foyer de la Soufrière est encore en pleine activité; des fumerolles nombreuses, dont la principale située sur la face nord, dégagent d'abondantes vapeurs de soufre. Les autres foyers sont éteints.

Le travail volcanique se manifeste encore sur tout le littoral du lieu dit *Bouillante* au-dessous des Deux-Mamelles, par de petits cratères à fleur du sol se prolongeant même jusque dans la mer et dégageant des vapeurs brûlantes.

Ces foyers se sont ouverts assez près les uns des autres et leurs éjections se sont confondues, en comblant les intervalles de séparation de leurs aires. Le massif minéralogique de l'île s'est, par suite, trouvé plus compact et moins découpé dans son périmètre et dans la chaîne de ses groupes de montagnes.

La côte occidentale, plus rapprochée du centre des foyers ignivomes, est escarpée et très élevée. Sa surface, violemment heurtée, présente l'aspect du désordre et de la confusion; ses reliefs, formés par des substances erratiques et pulvérulentes, sont abrupts; les coulées de lave ont disparu sous des couches de tuf qui en ont modelé la structure, et qui, dans leurs éboulements, ont constitué des escarpements, dont les parois verticales surgissent du fond des eaux marines et coupent brusquement ce versant très rapide et très accidenté.

Sur un petit nombre de points, à partir du port de la Basse-Terre, les échancrures de la côte forment des abris qui pourraient devenir de bons mouillages. Les principaux sont l'Anse-à-la-Barque et la rade de Deshaies. Partout ailleurs, le rivage, où la mer vient se heurter contre des brisants, n'est accessible qu'aux petites embarcations.

La côte orientale, moins rapprochée des points culminants, a beaucoup moins d'élévation dans la coupe de son rivage et possède de belles plaines qui, en quelques endroits, viennent mourir à la mer dans des terres noyées, où poussent des forêts marécageuses. Elle n'offre aux navires que de rares mouillages, coupés à travers de longues chaînes de bancs de coraux. On peut citer, de ce côté, le petit port de Sainte-Marie, qui, arrêté longtemps dans son développement par le voisinage trop immédiat de la Pointe-à-Pitre, a pris une certaine activité depuis les transformations industrielles qui se sont opérées dans les quartiers avoisinants, et le port du Petit-Bourg qui peut recevoir les plus grands voiliers.

Une chaîne centrale de montagnes, se prolongeant du S. S. E. au N. N. O., traverse l'île et est soutenue par des contreforts, qui s'abaissent graduellement jusqu'à la mer ou s'arrêtent brusquement au-dessus des plaines. Les deux tiers environ de ces montagnes sont couverts de grands bois, l'autre tiers présente d'abord des fougères arborescentes, des monocotylédonées des espèces inférieures; puis, jusqu'au sommet, des mousses, des lichens, des petites herbes à feuilles charnues.

Du massif de ces montagnes, dominées par le volcan de la *Soufrière*, (1)(1,484m8) se précipitent de nombreuses ravines ou rivières, descendant de cascade en cascade, sur une pente moyenne de 16 centimètres par 1m,95 de chute, pour s'étendre comme autant de rayons du centre à la circonférence de chaque aire phlégréenne, creusant leur lit dans des substances arénacées ou ponceuses, se glissant dans l'intervalle de deux courants basaltiques, qui leur forment des berges escarpées, et tombant à la mer soit entre deux falaises, soit après avoir arrosé de vastes plaines.

Cette chaîne de montagnes partage l'île en deux versants bien distincts, arrosés par de nombreux cours d'eau, dont les principaux sont sur le versant oriental : la grande Rivière-Goyave, (l'Amazone de la Guadeloupe), la Viard, la Lézarde, la Moustique, la Rose, la Petite-Goyave, la Grande-Rivière de la Capesterre, le Carbet, la rivière Grande-Anse. Sur le versant occidental : la rivière Beaugendre, la Grande-Rivière des Habitants, la rivière du Plessis, la rivière des Pères, la rivière aux Herbes, la rivière des Gallions.

Il existe à la Guadeloupe proprement dite, plusieurs sources thermales et minérales dont les plus recherchées sont celles de Dolé, de Bouillante, de Sofaïa, et de la Ravine-Chaude. Ces deux dernières produisent des cures merveilleuses, aussi sont-elles très connues *intra et extra.*

Quarante-deux mille hectares de ces montagnes sont couverts de forêts vierges renfermant des essences qui ne le cèdent en rien à celles que fournissent Saint-Domingue, Puerto-Rico, la Guyane, le Brésil.

Sur plusieurs points de l'île, le rivage consiste en un sable noir très fin contenant dans la proportion de 90 pour 100 du peroxyde de fer. En 1882, une concession avait été faite à un industriel pour l'exploitation de ce sable, mais jusqu'à ce jour elle n'a été suivie d'aucune exécution.

On rencontre également à la Guadeloupe des surfaces où abondent des rogons de peroxyde de fer de la grosseur d'un œuf de pigeon et même d'un œuf de poule. Les terres où ces rogons se rencontrent sont ingrates, l'icaque seule (chryso balanus icaco) y pousse en abondance.

Grande-Terre.

La Grande-Terre a la forme d'un triangle ayant 48 kilomètres de l'E. au N.-O. et 28 kilomètres du N. au S. Son pourtour mesure 264 kilomètres.

Son extrémité orientale se termine par une longue pointe de roches basaltiques désignée sous le nom de *Pointe-des-Chateaux.*

Son extrémité septentrionale par une pointe de roches de même nature désignée sous le nom de *Pointe-de-la-Grande-Vigie.*

Le sol de la Grande-Terre, plat et en terrasse, est hérissé de

---

(1) Cette solfatare, d'un aspect majestueux et pittoresque, est un des principaux objets du Panorama de la Basse-Terre.

mamelons ou mornes, tantôt nus, tantôt boisés, séparés par de véritables bassins et par des gorges étroites dans certains points ou par de vastes plaines dans certains autres.

Cette configuration géologique s'oppose à l'existence des cours d'eau, cependant la Grande-Terre n'en est pas complètement dépourvue. On rencontre çà et là quelques sources. les unes insuffisamment alimentées se perdent bien vite dans les terres les autres arrivent jusqu'à la mer.

Les eaux de ces sources, fortement chargées de sels calcaires, ont un goût désagréable qui les rend impropres à la consommation. les animaux seuls en profitent.

De nombreuses dépressions creusées sur les plateaux par la nature ou par l'homme forment des mares où s'accumulent les eaux du ciel. Dans les parties basses, les eaux pluviales, en s'accumulant, forment des marais plus ou moins saumâtres, communiquant avec la mer par des canaux ou par infiltration.

La population de la Grande-Terre est obligée, dans ces conditions, de recueillir les eaux du ciel dans des citernes en tôle ou dans des jarres en terre. d'en faire de grands approvisionnements pour prévoir aux jours de sécheresse.

La Grande-Terre est de formation calcaire sur base pyrogène, c'est une île de seconde formation. La découverte de ce fait géologique est due à Moreau de Jonnès qui le constata en 1816 et qui établit que les superpositions calcaires avaient une hauteur variant de 924m,84 à 389m,81.

C'est dans le contour de la Grande-Terre que se rencontrent les principaux ports de la colonie : la Pointe-à-Pitre, le Moule, Saint-François, Sainte-Anne, le Port-Louis.

Les deux îles qui forment la Guadeloupe ont ensemble un pourtour de 444 kilomètres.

DÉPENDANCES.

La Guadeloupe a cinq dépendances : la Désirade, Marie-Galante, les Saintes, Saint-Martin et Saint-Barthélemy.

Désirade.

La Désirade, de même formation que la Grande-Terre, est située par 16° 2′ de latitude N. et 63° 22′ 51″ de longitude O. à deux lieues dans le N.-E. de la *Pointe-des-Châteaux*, à huit lieues N. de Marie-Galante et à 6 lieues N.-E. de la Pointe-à-Pitre. Elle mesure deux lieues de long sur une lieue de large. Les groupes de mornes sont taillés à pic du côté oriental et s'abaissent sur la côte occidentale jusqu'à la mer par une pente douce et allongée. Le plus grand de ces mornes s'élève au centre de l'île et forme dans la partie S.-E. un plateau qui a une altitude de 278 mètres.

Sentinelle avancée de la Guadeloupe dans l'Océan atlantique, la Désirade, placée dans la direction N.-E., S.-O., est, par son élévation et sa situation le point d'atterrage pour tous les navires qui viennent de l'est. Elle est donc bien nommée.

On rencontre aux pieds de ses mornes des sources abondantes

d'eau excellente Son sol sablonneux et aride convient surtout à la culture du coton. Les principales industries de la Désirade sont la pêche, la fabrication des cordes en karata et l'élève des moutons.

La Désirade est le siége d'un hospice spécial où les malheureux atteints de la lèpre reçoivent loin de la société les soins appropriés à leur état. Cet établissement, confié aux soins des sœurs de Saint-Paul de Chartres, est placé sous la direction d'un médecin appartenant au corps de santé de la marine ; il a été fondé en 1728. On y reçoit non seulement les malades de la Guadeloupe, mais encore ceux des colonies voisines.

Dans le sud-ouest de la Désirade un peu au-dessous de la Pointe-des-Châteaux sont les deux îles de la Petite-Terre appartenant à la famille Thionville. Ces deux îles portent le nom de *Terre-de-Haut* et *Terre-de-Bas*. Sur cette dernière, il y a un phare. Un bateau-poste part de Saint-François pour la Désirade une fois par semaine.

Marie-Galante.

L'île de *Marie-Galante*, qui est placée par 16° 3′ de latitude Nord et 63° 29′ de longitude Ouest, est éloignée de 6 lieues de la Grande-Terre et de 8 lieues de la Guadeloupe. De formation calcaire, dont les couches ont une profondeur de 24^m,36, elle est presque circulaire et sa circonférence est de 83 kilomètres. Sa largeur du Nord au Sud est de 4 lieues et demie. De loin, elle paraît plate, mais, quand on la longe, on remarque que dans l'intérieur et dans la direction de l'Est à l'Ouest, elle est traversée par des mornes, dont la plus haute élévation ne dépasse pas 200 mètres. Elle possède des ruisseaux, dont deux coulant toujours s'appellent rivière du Vieux-Fort et rivière Saint-Louis.

Sa côte sous le vent est très saine. La côte Sud et une partie de celle de l'Est sont enveloppées par des cayes, interrompues par des passes.

Elle fut occupée le 8 novembre 1648 par le Gouverneur de la Guadeloupe Houël.

La principale culture de Marie-Galante est la canne à sucre. Mais les procédés de fabrication employés sont beaucoup moins perfectionnés dans cette île qu'à la Guadeloupe. On trouve là encore un certain nombre de moulins à vent, dont plusieurs se dressent de loin en loin sur des propriétés abandonnées. Les établissements d'une réelle importance, qui, à Marie-Galante, sont l'usine de Retz, située à 3 kilomètres du Grand-Bourg, et l'usine de la Capesterre, appartenant au Crédit foncier ; ce dernier établissement aidera au relèvement de toutes les habitations de ce quartier qui, par le bas prix des sucres. joint aux difficultés de transport de cette denrée, avaient ralenti considérablement leur marche.

Les principaux mouillages sont ceux du Grand-Bourg, de Saint-Louis et de la Capesterre. Celui de Saint-Louis est le meilleur.

La population de Marie-Galante est active et industrieuse. Elle se livre non seulement aux travaux de l'agriculture, mais encore pç la êche qui est très productive sur les côtes de cette île.

Les chevaux de Marie-Galante ont une juste réputation que les fait rechercher à la Guadeloupe et surtout à la Grande-Terre.

En 1775, l'île exportait 5,000,000 de livres de café, 2,000,000 de livres de sucre et 400,000 livres de coton.

Les communications entre Marie-Galante et la Guadeloupe se font régulièrement le mercredi de chaque semaine et le premier dimanche de chaque mois par un bateau à vapeur. De nombreuses goëlettes et plusieurs bateaux sont employés au transport des sucres.

Les Saintes.

Ce groupe d'îlots fut occupé par les Français le 18 octobre 1648, un peu avant la prise de possession de Marie-Galante, effectuée le 8 novembre.

Situés sous 15º 54′ 30″ de latitude Nord et sous 64º 1′ 40″ de longitude Ouest, ces îlots s'appellent : Terre-de-Bas, îlet à Cabris, Terre-de-Haut, Percée, Grand-Ilet, la Coche, les Augustins. Ils ont été formés par deux volcans, dont la prompte extinction n'a pas permis à leurs éjections de combler les intervalles qui les séparent.

Ce groupe a 2 lieues de longueur de l'Est à l'Ouest, 1 lieue de largeur et est situé au S. S. E. et à 3 lieues de la pointe du Vieux-Fort, extrémité méridionale de la Guadeloupe.

Les îlets habités sont ceux ci-après : Terre-de-Haut, Terre-de-Bas et îlet à Cabris.

Le plus grand est la Terre-de-Haut, située au vent et d'une forme longue et irrégulière. Il est haché de mornes, dont le plus élevé, qui se dresse dans la partie orientale, s'appelle le Chameau (316 mètres) et est surmonté d'une tour située par 15º 51′ 32″ de latitude Nord et par 63º 55′ 27″ de longitude Ouest.

Vient ensuite la Terre-de-Bas, séparée de la première par la passe du Sud et qui a une forme à peu près ronde.

La principale occupation des habitants des Saintes est la pêche ; ce sont de hardis marins, expérimentés et courageux qui ne craignent pas d'affronter dans leurs boats les fureurs de la mer.

La Terre-de-Haut forme avec l'îlet à Cabris une rade vaste et très sûre à laquelle deux passes donnent accès et dans laquelle une flotte pourrait hiverner à l'abri des coups de vent.

Les Saintes constituent une importante position militaire que domine le fort Napoléon.

Dans une des îles, l'Ilet à Cabris, se trouve une prison qui sert de maison centrale de correction pour toute la colonie de la Guadeloupe. Dans le même îlot, existe un vaste lazaret qui reçoit, en cas de quarantaine, tous les voyageurs à destination de la Guadeloupe.

Une nouvelle industrie s'était établie aux Saintes. On avait fondé presqu'une distillerie pour l'extraction de l'essence de la feuille du bois d'Inde, arbre abondant dans la Terre-de-Bas, mais elle est abandonnée depuis plusieurs mois.

Le rendement, d'après les renseignements fournis par le maire, a été très satisfaisant, mais la qualité du produit a laissé à désirer jusqu'à présent.

Les côtes de ces îles sont couvertes, en grande partie, d'arbres au suc vénéneux, notamment de mancenilliers, dont la tige fournit un bois très agréablement nuancé et qui peut être avantageusement employé pour les travaux de menuiserie ornementale.

Le sol des Saintes fournit une terre plastique, excellente pour la fabrication des tuiles, des briques et des potiches.

Cette industrie, abandonnée pendant plusieurs années, vient d'être reprise par MM. Cassin frères.

Les mornes des Saintes abondent en excellents bois de construction navale, aussi rencontre-t-on sur la côte plusieurs chantiers d'où sortent des boats et des bateaux dont le gabarri, joint à la solidité des essences employées, les fait très rechercher.

Les communications entre les Saintes et la Basse-Terre se font par un bateau à voiles partant de la Terre-de-Haut le mardi, le jeudi et le samedi de chaque semaine, à cinq heures du matin, et repartant de la Basse-Terre les mêmes jours à deux heures du soir.

Les correspondances à destination de la Terre-de-Bas sont transportées par le même bateau qui y touche en sortant de la Terre-de-Haut et en y revenant.

L'Administration a pensé à relier la dépendance à la Basse-Terre à l'aide d'un câble télégraphique.

Des études ont été faites pour l'installation entre les Saintes et les Trois-Rivières d'un système de télégraphie optique.

Saint-Barthélemy.

L'île de Saint-Barthélemy est située sous 17o 5′ 35″ de latitude Nord et 65o 10′ 30″ de longitude Ouest et a une distance de 30 lieues dans le N. N. O. de la Guadeloupe, de 4 lieues dans le S. E. de Saint-Martin et de 6 lieues de Saint-Christophe.

Le commandeur de Poincy, gouverneur de Saint-Christophe, la fit occuper en 1648 par 58 hommes sous les ordres de Jacques Gente.

Elle fut vendue avec Saint-Christophe à l'ordre de Malte en 1651.

En 1659, elle fut occupée de nouveau par les Français et passa à la Suède en 1784.

Elle fut rétrocédée à la France par le traité du 10 août 1877, ratifié par le Président de la République le 12 mars 1878, en vertu d'une loi du 2 du même mois.

La remise à la France a eu lieu le 16 mars 1878.

Cette île a 8 lieues de tour ; les côtes, très découpées, offrent de sûrs abris pour les navires de faible tonnage ; la rade de Gustavia, dont l'entrée est assez difficile, présente au point de vue stratégique de sérieux avantages. Entourée de mornes relativement élevés, elle peut être facilement défendue. Au siècle dernier, cette île était fréquemment visitée par les corsaires, qui y cherchaient un refuge contre les poursuites des navires de guerre ennemis. Sa population est, en majeure partie, composée des descendants des Normands qui l'ont colonisée. Elle s'adonne à la confection des chapeaux en latanier, à la pêche, à l'élève du bétail. Elle excelle dans la confection de charmants ouvrages en coquilles et écailles de poissons, montées sur fils d'argent, véritable travail de fée où le bon goût ne le cède en rien à l'habileté de l'ouvrier.

Hérissée de mornes peu élevés, cette île manque complètement d'eau potable, aussi les habitants sont-ils obligés de recueillir les eaux du ciel dans de grandes citernes en maçonnerie et sont-ils en temps de sécheresse très éprouvés.

Son sol aride composé d'un sable pulvérulent produisait autrefois des ananas que l'on exportait en Amérique en très grande quantité; cette culture ne donnant plus aucun profit a été abandonnée.

La petite ville de Gustavia, fondée par les Suédois, a été autrefois très riche et très peuplée, elle fut presque complètement détruite par un incendie le 2 mars 1852. Son port a été ouvert, par décret du 10 octobre 1878, à l'importation, par tous pavillons, de marchandises de toutes provenances, à l'exception de celles prohibées à la Guadeloupe. On peut exporter à toute destination les marchandises et denrées du cru et de l'industrie de l'île ainsi que celles provenant de l'importation. Les produits du cru et de l'industrie de l'île dont l'origine est certifiée par les expéditions de douane sont seuls admis en franchise à la Guadeloupe. Les habitants de Saint-Barthélemy ont été exemptés du droit d'octroi de mer et de la plupart des autres taxes en vigueur à la Guadeloupe.

Cette île tire presque tous les objets qui lui sont nécessaires des colonies étrangères voisines, où elle exporte presque tous ses produits; ce commerce se fait par goélettes, bateaux et barges.

On rencontre dans l'île des salines, une mine de plomb argentifère, mais le tout inexploité.

Les communications entre Gustavia et la Guadeloupe sont assurées au moyen d'un bateau à voiles qui dessert en même temps Saint-Martin et qui part de la Basse-Terre les 8 et 24 de chaque mois.

Saint-Martin.

La cinquième dépendance de la Guadeloupe est l'île de *Saint-Martin*, située sous 18° 5′ 3″ de latitude Nord et 65° 23′ 25″ de longitude Ouest.

Elle est à 45 lieues N. N. O. de la Guadeloupe et est placée au N. O. de l'île anglaise de l'Anguille et au S. O. de Saint-Barthélemy. Elle a 18 lieues de circuit, 6 lieues de longueur et 5 lieues de largeur. Elle est hachée de mornes, dont presque tous se prolongent jusqu'à la mer et dont le plus élevé a 583ᵐ,71 de hauteur. Ses côtes sont coupées par des baies profondes, repaires d'une quantité prodigieuse de poissons et offrant d'excellents mouillages aux navires.

Elle renferme environ trente sources d'eau saine et quatre ravines intarissables.

Occupée en même temps par les Français et les Hollandais en 1648, elle fut partagée entre les deux peuples en vertu du traité du 23 mars de la même année qui a laissé à la France près des deux tiers de l'île.

Elle se compose d'une terre principale et d'une autre plus petite désignée sous le nom de Terres-Basses. Cette dernière est rattachée entièrement à la Grande-Terre, du côté de la ville du Marigot, par une langue de sable de 38m,98 de largeur ; une autre langue de sable s'avance vers la partie hollandaise, dont elle est séparée par une large solution de continuité. Toutes deux se sont élevées au-dessus des eaux de la mer, au Nord et au Sud. Entre elles, les Terres-Basses et Saint-Martin, s'étend une vaste nappe d'eau, au milieu de laquelle surgissent quelques roches et qui est appelée Simson's-Bay.

La côte française commence au Sud, aux Terres-Basses. dans l'anse Cul-Picard, forme ensuite la longue anse Long qui se termine à la pointe des Basses, où elle tourne vers l'Ouest pour creuser une baie étendue, qui s'arrête à la pointe aux Prunes.

Elle se dirige de là vers l'Est en formant les anses aux Prunes, de l'Étang-Rouge, où la terre forme falaise, remonte au Nord le long d'une bande de sable très étroite terminée par un rocher élevé désigné sous le nom de Bluff, au pied duquel elle se dirige vers le Sud. puis vers l'Est, ensuite vers le Nord, en creusant en demi-cercle la grande baie qui sert de rade au bourg du Marigot, dont les maisons s'arrêtent sur le rivage, au pied d'un morne de 97m 45 de hauteur, surmonté d'un petit fort abandonné. Ce morne fait face au Bluff.

La baie du Marigot offre un bon mouillage, même pour les vaisseaux. Autrefois elle recevait les eaux de l'étang de Simson-Bay par un chenal assez profond pour permettre aux navires de se rendre de la baie à l'étang. Depuis 1789, on a laissé ce chenal, qui se trouvait près des Terres-Basses, se combler. Le poids des eaux a brisé la faible barrière de sable qui se trouvait dans le S.-E. de la partie hollandaise et formé la nouvelle embouchure de l'étang, appelé dès lors étang de la baie de Simson, parce que la rupture s'était opérée dans la baie de ce nom. Les eaux de l'étang sont profondes et on en pourrait faire un magnifique port. Elles sont de plus très poissonneuses.

Le bourg du Marigot s'étend entre Simson's-Bay et Galis-Bay. Il a environ une centaine de cases et est le siége de toutes les autorités.

Galis-Bay n'est que l'embouchure d'un ruisseau, aujourd'hui presque tari, qui sort du morne placé à une petite distance du bourg. Il se déverse à la mer dans la longue anse du Gibet ou des Galées, qui se creuse entre la pointe du Fort et la pointe Arago.

La côte, se dirigeant vers le Nord, dessine diverses anses, puis l'île se rétrécit et présente la longue baie de la Grande-Case.

La baie de la Grande-Case offre un bon mouillage aux navires qui viennent y chercher le sel que fournissent les deux étangs salins près du rivage.

L'exploitation de ces salines a été concédée pour trente années, par décret colonial du 7 mai 1842, à M. Méry d'Arcy qui a cédé ses droits à la société Perrinon et Cie. Cette société, après avoir fait proroger son privilége à quatre-vingt-dix-neuf ans, par décret du 30 août 1856, a passé ses droits à la société franco-hollandaise qui exploite l'immense saline de la partie hollandaise, située en arrière de la ville de Philisburg.

Un hameau s'est établi entre les salines de la Grande-Case et la mer. On y a érigé une chapelle.

A l'extrémité de la baie et à une petite distance de la terre, surgit le gros rocher appelé la Frégate ; à partir de ce point la côte se recourbe pour courir vers l'Est et forme l'anse Marcel, au fond de laquelle elle prend la direction Nord.

L'extrémité septentrionale de l'île forme alors l'anse des Petites-Cayes et s'arrête à la pointe Caste.

L'île prend ensuite la direction du Sud et la côte dessine l'anse des Grandes-Cayes, à l'extrémité de laquelle elle tourne vers l'Ouest pour constituer l'îlot de la Barrière, le cul-de-sac de la Barrière. A l'E.-N.-E. de cet îlot, et à peu de distance, surgit le grand îlot Tintamare.

A l'extrémité Sud du cul-de-sac commence à se développer la longue anse d'Orléans, qui se termine à l'îlot Green-Key, faisant face à celui de la Barrière. Sur son rivage se trouve la saline assez considérable de Chevrise, appartenant à la Société franco-hollandaise et dont l'exploitation a été abandonnée, parce que les navires ne trouvent aucun abri sur cette partie de la côte orientale de l'île, où les flots sont constamment soulevés par les vents d'Est.

L'anse de l'embouchure se montre ensuite, et sur son rivage s'allonge l'étang d'Orléans, qui a deux lieues de circuit et porte pirogue. Dans la partie Nord de cet étang, concédé à M. Beauperthuy, par décret colonial du 6 août 1846, pour trente années, a été établie la saline Spring, dont le privilége a été prorogé à quatre-vingt-dix-neuf ans par décret du 23 octobre 1880.

L'exploitation de cette saline a été facilitée par la situation de la côte, moins exposée aux vents d'Est, ce qui permet aux navires d'y mouiller sans trop de danger.

L'étang d'Orléans est très poissonneux.

L'anse Lucas se dessine ensuite et finit à la pointe Fief-Hill, où la côte se recourbe en se dirigeant vers l'Ouest et forme la baie profonde, appelée Etang-aux-Huîtres, dans laquelle se termine le territoire français.

L'Etang-aux-Huîtres donne un bon mouillage, pendant l'hivernage, aux navires ne dépassant pas 100 tonneaux. Une chaîne de rochers, nsavélet le long de la partie française, permet de virer en carène. sL'l es p violents ouragans n'y font courir aucun danger aux navires, dont quarante y peuvent jeter l'ancre. L'entrée est malheureusement parsemée de récifs et la passe a 180 mètres de largeur et 3m,89 de profondeur. Le plus bas fond de la rade est de 3m,24. L'Étang-aux-Huitres se termine sur le territoire hollandais a un petit cap appelé Nabib-Point.

Le climat de Saint-Martin est très tempéré. On n'y éprouve point les brusques changements de température qui se font remarquer dans les îles plus grandes; l'air étant par conséquent plus pur, la contrée n'est pas en proie aux fièvres épidémiques. Les Européens s'y acclimatent presque sans danger.

L'intérieur de l'île est hérissé de mornes dont le plus élevé, situé dans la partie française, le morne Paradis, a 584m,71 de hauteur.

Son sol léger, pierreux et sec, est d'une fertilité étonnante quand il est arrosé par des pluies abondantes. Ses côtes sont très poissonneuses et habitées par toutes sortes d'oiseaux aquatiques : pélicans, paille-en-cul, mauves, goélands, fous, hérons, crabiers, frégates. La chasse dans la saison est abondante : tourterelles, ramiers, grives. oiseaux de passage pendant l'hivernage. Les étangs et salines sont poissonneux.

L'île entière a été peuplée par des Anglais. dont les descendants forment encore les trois quarts de la population.

Son éloignement de la Guadeloupe a forcé la métropole à lui laisser la faculté d'exporter ses denrées où elle voudrait et de s'approvisionner à l'étranger. Les denrées et marchandises de son cru n'entraient à la Guadeloupe que sur un certificat d'origine délivré par la douane.

Cette liberté de commerce lui a donné jadis la prospérité. Elle s'était couverte de sucreries. de cotonneries, de vivrières, et livrée à l'élève du bétail. Ses chevaux avaient bientôt acquis une certaine renommée.

Ses progrès furent rapides et on la divisa en quartiers : Marigot, Colombier, le plus fertile. Grande-Case et Orléans.

En 1789, elle avait 31 sucreries produisant un très beau sucre, mais dont les revenus étaient aléatoires à cause des sécheresses qui ne la désolent encore que trop souvent. La saline Chevrise ou Bretagne fournissait annuellement de 4,000 à 5,000 barils de sel; celle de la Grande-Case en produisait rarement à cause de la profondeur de ses eaux; cependant, quand le sel pouvait se former, elle donnait de 15,000 à 20,000 barils. La saline du quartier d'Orléans en produisait aussi une certaine quantité. En 1751, la sécheresse fut si intense qu'elle ne forma qu'une masse solide de sel sur laquelle circulaient les charrettes.

En 1815, elle avait encore 30 sucreries; en 1822 elles étaient réduites à 27, ayant toutes des moulins à bêtes et produisant 875,000 kilogrammes de très beau sucre, 50,000 galons de rhum très estimé, rival de celui de la Jamaïque. et 11 000 kilogrammes de sirop. Les cotonneries étaient réduites à 5. Elle avait encore 25 vivrières. La population était de 3,469 habitants.

Les sucreries sont tombées successivement. Pendant un moment, il n'y en eut plus aucune en activité. Depuis deux ou trois ans, les héritiers French, possesseurs de la belle habitation située en arrière du bourg de Marigot, ont repris la culture de la canne pour faire principalement du rhum avec le sirop.

La production du sel dans l'île entière occupe les bras de la population. Cette exploitation, faite avec un outillage perfectionné et des machines à vapeur, ne donne pas de grands produits.

La poterie et l'élève du bétail fournissent encore un certain aliment à l'industrie et au commerce de Saint-Martin.

Division administrative.

La Guadeloupe comprend trois arrondissements : 1º Basse-Terre ; 2º Pointe-à-Pitre ; 3º Marie-Galante.

L'arrondissement de la Basse-Terre comprend cinq cantons : 1º Basse-Terre ; 2º Capesterre ; 3º Pointe-Noire ; 4º Saint-Martin ; 5º Saint-Barthélemy.

L'arrondissement de la Pointe-à-Pitre comprend cinq cantons : 1º Pointe-à-Pitre ; 2º Moule ; 3º Saint-François ; 4º Port-Louis ; 5º Lamentin.

L'arrondissement de Marie-Galante ne comprend qu'un seul canton, celui du Grand-Bourg.

Le canton de la Basse-Terre comprend six communes : 1º Basse-Terre ; 2º Saint-Claude ; 3º Gourbeyre ; 4º Vieux-Fort ; 5º Baillif ; 6º Vieux-Habitants.

Le canton de la Capesterre comprend cinq communes : 1º Capesterre ; 2º Trois-Rivières ; 3º Goyave ; 4º Terre-de-Haut (Saintes) : 5º Terre-de-Bas (Saintes).

Le canton de le Pointe-Noire comprend trois communes : 1º Pointe-Noire ; 2º Deshaies ; 3º Bouillante.

Le canton de Saint-Martin comprend une commune.

Le canton de Saint-Barthélemy comprend une commune.

Le canton de la Pointe-à-Pitre comprend quatre communes 1º Pointe-à-Pitre ; 2º Abymes ; 3º Gosier ; 4º Morne-à-l'Eau.

Le canton du Lamentin comprend quatre communes : 1º Lamentin ; 2º Baie-Mahault ; 3º Petit-Bourg ; 4º Sainte-Rose.

Le canton du Port-Louis comprend trois communes : 1º Port-Louis ; 2º Canal ; 3º Anse-Bertrand.

Le canton du Moule comprend deux communes : 1º Moule ; 2º Sainte-Anne.

Le canton de Saint-François comprend deux communes : 1º Saint-François ; 2º la Désirade.

Le canton de Marie-Galante comprend trois communes : 1º Grand-Bourg ; 2º Capesterre ; 3º Saint-Louis.

La Guadeloupe comprend donc : trois arrondissements, onze cantons et trente-quatre communes.

La Basse-Terre.

La ville de la Basse-Terre, située sur la côte occidentale de la Guadeloupe proprement dite, sous 15º 59' 30" de latitude Nord et

64° 4′ 22″ de longitude Ouest, est bâtie en amphithéatre, le long du rivage de la mer a trois lieues dans le S. O. de la Soufrière.

Elle date de 1643.

Dans le début de la colonisation, la Basse-Terre, siége de toutes les autorités, avait une importance d'autant plus grande qu'elle était le centre de toutes les opérations commerciales de la colonie; mais la création du port de la Pointe-à-Pitre et les douloureux événements, incendies, ouragans, par lesquels elle a successivement passé ont réduit considérablement son importance, Elle n'est plus aujourd'hui qu'une ville administrative, siége du Gouvernement local et de toutes les administrations.

La ville de la Basse-Terre est divisée en deux paroisses, celle du Mont-Carmel et celle de Saint-François.

Elle est très saine, l'eau de la montagne y est largement distribuée tant dans les rues que dans les maisons; elle est de plus traversée par la rivière aux Herbes et plusieurs ravines.

Deux ponts, l'un en fer et l'autre en pierre réunissent à peu de distances l'un de l'autre les deux rives de la rivière aux Herbes. Le pont en pierre est le premier qui ait été construit dans la colonie.

Les maisons, construites sans régularité d'ensemble, s'étagent sur les collines d'une façon très pittoresque, entremêlées qu'elles sont d'arbres qui croissent dans les cours et dans les jardins.

La Basse-Terre possède deux jolies promenades, celle du cours Nolivos, qui remonte à 1767, et celle du champ d'Arbaud appelée primitivement champ de Mars, qui remonte à 1775, elle fut plantée d'arbres en 1817.

La Basse-Terre est le siége d'une cour d'appel, d'un évêché, d'un tribunal de première instance, d'une justice de paix, d'une chambre de commerce, d'une chambre d'agriculture. Il y a, en outre, une direction de la santé, un conseil sanitaire, un conseil d'hygiène publique et de salubrité, un jury médical, un cours d'accouchement, un hôpital militaire, un hospice civil, un comité central d'exposition, une imprimerie appartenant à la colonie, une maison de correction et de discipline, une maison d'éducation correctionnelle.

Un jardin botanique, qui s'embellit tous les jours, a été, il y a peu d'années, créé dans le voisinage de la Basse-Terre.

On trouve également dans cette ville :

Un établissement libre d'instruction secondaire qui a été longtemps la seule institution de cet ordre dans la colonie;

Un pensionnat de jeunes filles tenu par les sœurs de Saint-Joseph de Cluny;

Une école normale;

Des écoles primaires publiques et libres;

Une bibliothèque communale;

Une station télégraphique créée par la *West India and Panama telegraph Company*;

Une ligne télégraphique entre la Basse-Terre et la Pointe-à-Pitre.

Une ligne téléphonique entre la Pointe-à-Pitre et la Basse-Terre avec arrêts au Petit-Bourg, à la Capesterre, aux Trois-Rivières.

Une station téléphonique entre la Basse-Terre et le Camp-Jacob;

Une diligence fait le service sur la route de la Basse-Terre au Camp-Jacob et sur celle de la Basse-Terre à la Pointe-à-Pitre.

Pointe-à-Pitre.

La ville de la Pointe-à-Pitre est située sous 16° 14′ 12″ de latitude Nord et 63° 51′ 32″ de longitude Ouest. Ses rues, belles et gracieuses, sont tirées au cordeau; les maisons, pour la plupart moitié en bois, moitié en maçonnerie, sont séparées par de grands murs latéraux qui ont pour objet de faciliter leur isolement en cas d'incendie. Quelques-unes sont construites en fer avec un revêtement en maçonnerie.

Siége d'un tribunal de première instance et d'une justice de paix, elle a une chambre de commerce, une chambre d'agriculture, une maison de correction et de discipline, un conseil sanitaire, un conseil d'hygiène publique et de salubrité, une commission de santé, un cours d'accouchement, un entrepôt. Elle est aussi le siége de la cour d'assises.

Un lycée a été créé dans cette ville en 1883.

L'Etat y possède une caserne d'infanterie, un hôpital militaire, la commune a un Hôtel-Dieu, et elle entretient de plus une crèche et un orphelinat pour les petits enfants.

Il y existe une bibliothèque communale, des écoles communales de filles et de garçons et plusieurs établissements libres d'instruction primaire.

La Pointe-à-Pitre possède deux musées; l'un, le musée l'Herminier, véritable muséum d'histoire naturelle, renferme des spécimens fort intéressants de la flore et de la faune coloniale, il est installé dans la jolie construction de la Chambre d'agriculture; l'autre, le musée Schœlcher, possède une jolie collection de moulages d'après l'antique, de porcelaines, de cires, de médailles, de bronzes, le tout dû à la générosité du vénérable Sénateur.

Le marché de la ville est bien situé, il est couvert et possède une jolie fontaine.

Non loin du marché s'élève une boucherie superbe, et dans son voisinage ume jolie poissonnerie.

Les établissements publics qui peuvent être cités sont: le Lycée, l'Eglise, la Caserne d'infanterie, le Palais de justice, le Presbytère, l'Hôtel-de-Ville, l'Hôtel-Dieu.

La Pointe-à-Pitre possède une belle promenade : la place de la Victoire; ses allées sont ombragées par d'énormes sabliers (ura crepitans), remarquables par les gibbosités de leur tronc, ces sabliers ont été plantés par Victor Hugues.

Les quais sont également plantés de sabliers sur tout leur pourtour.

Le port de la Pointe-à-Pitre est un des plus beaux des Antilles. Placé au fond du vaste estuaire formé par le rapprochement des deux îles que sépare la Rivière-Salée, entouré en outre d'une ceinture d'îlots dont l'écartement laisse un chenal naturel suffisant pour le passage des plus grands navires, il se trouve, à cause de cette situation, également abrité contre les vents du large et les raz de marée. C'est ce port, où viennent se ranger chaque année un grand nombre de longs-courriers, qui alimente la colonie entière des produits du dehors, et c'est par là que s'écoule la plus grande partie des denrées du pays. La Pointe-à-Pitre est la résidence du vice-consul d'Angleterre, des consuls des États-Unis, des Pays-Bas, de Suède et de Norvège, des États-Unis du Vénézuéla.

Elle est encore le siége de la Banque de la Guadeloupe et de l'Agence du Crédit foncier colonial.

Une compagnie de bateaux à vapeur assure les communications entre la Pointe-à-Pitre et la Basse-Terre par la Rivière-Salée, avec escales sur tous les points du littoral de la Guadeloupe à partir de Sainte-Rose.

Les départs ont lieu de la Pointe-à-Pitre les lundis et jeudis; et les retours les mardis et vendredis. Elle exécute à Marie-Galante un voyage le mercredi de chaque semaine, et aussi un voyage le premier dimanche de chaque mois.

Les relations avec les communes de la Grande-Terre sont assurées par un service de diligences allant à Saint-François, au Moule et à l'Anse-Bertrand et desservant tous les bourgs du parcours.

Un service téléphonique, établi dans le courant de 1884, fait communiquer la Pointe-à-Pitre avec le Morne-à-l'Eau, le Port-Louis, le Canal et le Moule.

Toutes les usines de la Grande-Terre sont rattachées à la Pointe-à-Pitre par des fils spéciaux.

Il n'est pas inutile de rappeler que la Guadeloupe a été la première à avoir un service téléphonique public parcourant 43 kilomètres.

Grâce à l'initiative de la chambre d'agriculture de la Pointe-à-Pitre un champ de courses a été installé à deux kilomètres de la ville, dans la grande plaine de Caruel.

La *West India and Panama telegraph Company* a une station dans cette ville.

On trouve à la Pointe-à-Pitre deux imprimeries: celle du journal *Le Courrier de la Guadeloupe* et celle du journal *Le Progrès*.

Il y existe aussi une glacière naturelle et une glacière artificielle.

Sur la propriété dite d'Arboussier, située dans le voisinage et au S. E. de la Pointe-à-Pitre, s'élèvent les établissements de l'usine fondée par M. Ernest Souques, comprenant, outre l'outillage nécessaire pour la fabrication du sucre, des ateliers de forge, de charronnage, d'ajustage, etc., une grande distillerie, un appareil à produire le gaz, une chaudronnerie, etc.

La plus vaste et la plus belle fabrique des Antilles françaises et qui serait placée au premier rang des grands établissements de la métropole, cette usine, qui appartient à la société E. Souques et Cⁱᵉ, possède, en outre, un chemin de fer de 14 kilomètres pour le transport des cannes plantées dans les plaines des communes du Morne-à-l'Eau et des Abymes et une flotte de petits bâteaux à vapeur et de chalands pour transporter les cannes qu'elle va chercher dans les rivières Grande-Goyave, du Lamentin, de la Lézarde, de la Trinité et sur les côtes de la Baie-Mahault.

La ville de la Pointe-à-Pitre a subi, à des époques diverses, des catastrophes dont les effets n'ont pu être que lentement réparés. Totalement détruite par un tremblement de terre le 8 février 1843, elle s'était relevée de ses ruines et formait en 1871 un assemblage gracieux de belles maisons en bois, lorsque le 18 juillet de cette année, elle disparut encore dans un incendie. C'est par la Pointe-à-Pitre que s'était introduite, en 1865, l'épidémie de choléra qui, peu de temps après l'ouragan de cette époque, a répandu le deuil et la désolation dans le pays. Tous ces malheurs ont exercé une influence profonde sur l'état économique de la colonie entière. Ils ont, chaque fois qu'ils se sont produits, appauvri la Guadeloupe, et ce n'est qu'à force d'énergie et de persévérance que les habitants de cette île ont pu porter la fortune publique à l'état où elle se trouve aujourd'hui. La ville est bâtie sur des terrains autrefois noyés et dans le voisinage desquels la mer en se retirant a déposé des résidus marécageux. De là une certaine insalubrité qui se fait sentir surtout aux époques où soufflent les vents du Nord. Pour faire cesser les causes de cette insalubrité, la municipalité a entrepris, il y a quelque temps, de grands travaux d'assainissement, dont la première partie, qui consiste dans le comblement d'un ancien canal de ceinture devenu inutile ou nuisible, est déjà presque complètement achevée.

Ces travaux doivent comprendre aussi l'établissement d'une conduite d'eau destinée à compléter le service actuel des eaux qui, créé pour la première fois au moment de la reconstruction de la ville après 1871, ne répond pas suffisamment aux besoins publics.

La municipalité s'occupe aussi très activement de multiplier les eucalyptus aux environs de la ville comme moyen d'assainissement.

La population de la Pointe-à-Pitre est de 14,501 âmes.

Le Moule.

Le Moule est la deuxième ville de la Grande-Terre. Elle est fort jolie, bien bâtie, traversée par un grand boulevard, elle possède deux marchés couverts et une jolie église qui remonte à 1829. Les chapelles de cette église sont ornées de fresques très remarquables dues à un enfant du pays, M. Evremon de Bérard.

Le port du Moule peu sûr, exposé qu'il est aux raz de marée, est cependant fréquenté par un grand nombre de longs-courriers.

Le mouvement du port est dû au voisinage des quatre usines Duchassaing, Zévallos, Marly et Gardelle qui n'ont que ce seul débouché pour l'exportation de leur sucre et l'importation des approvisionnements divers qu'elles reçoivent de l'extérieur.

Une malle-poste fait deux fois par jour le service de la Pointe-à-Pitre au Moule et *vice-versâ;* de nombreux caboteurs font le fret entre la Pointe-à-Pitre et le Moule.

La population totale de la commune du Moule est de 10,241 habitants.

Son importance remonte loin dans l'histoire de la colonie. En 1776, on y créa une sénéchaussée, supprimée en 1783. Un tribunal de 1re instance y avait été créé en 1797, il fut supprimé en 1802.

Faune et Flore.

Les seuls mammifères que l'on rencontre à la Guadeloupe sont : *l'agouti* (cavia agouti), rongeur de la taille d'un fort lapin, a la chair très savoureuse, il est indigène et il est très abondant dans toutes les parties de la colonie, même à Marie-Galante; le *raccoon* (procion lotor), petit plantigrade, originaire de l'Amérique du Nord, mais si bien acclimaté dans l'île qu'on le trouve partout. Ce plantigrade est omnivore, il s'attaque aussi bien aux cannes à sucre qu'aux volailles, aux fruits, aux écrevisses, etc., etc. Les dégats qu'il cause sont donc très grands.

Les ophidiens sont très nombreux et très variés, mais ils ne sont pas venimeux.

Depuis quelques années, la colonie est envahie par un énorme crapaud (bufo agua), introduit à la Capesterre pour la destruction des rats, il s'est répandu dans presque tous les quartiers avec une rapidité prodigieuse; mais les rats n'ont pas diminué.

Les chambres d'agriculture s'occupent depuis quelques mois d'introduire à la Guadeloupe le *mangouste mongo* des Indes orientales. Ce digitigrade de la famille des vévéridés a été acclimaté depuis plusieurs années à la Jamaïque, à la Trinidad, à la Barbade et à Puerto-Rico. Depuis peu la Martinique s'occupe aussi de son introduction. C'est l'ennemi né du rat, il le tue non seulement pour le manger, mais encore pour plaisir de le tuer, il en fait donc un très grand carnage.

Depuis l'introduction du mangouste dans les colonies citées plus haut, on n'emploie plus ni chiens, ni trappes pour détruire les rats, il s'en charge très avantageusement.

Ce sera donc une bonne acquisition pour la Guadeloupe où dans certains quartiers les rats font un tort considérable à la canne à sucre.

Dans la digue de Destrelan et dans tous les cours d'eau et lagons du voisinage, on rencontre, en immense quantité, une charmante petite tortue d'eau douce pouvant atteindre 40 à 45 centimètres dans son plus grand diamètre.

Cette cistude est originaire des Grandes-Antilles; elle a été introduite de Puerto-Rico à la Guadeloupe, y a vingt-cinq ans, par le docteur Sainte-Croix Loyseau.

Dans les grandes rivières possédant de larges bassins où les eaux coulent paisiblement, on pêche une écrevisse énorme, le ouassou, (dalmon jamaïcensis); dans les cours d'eau plus rapides et moins larges, on trouve une autre écrevisse plus p tite, le cacador (palœmon spinimanus). Toutes deux ont la chair très délicate.

Le onassou atteint, dans l'étang de la Capesterre dit *Grand-Etang*, des proportions colossales.

La flore de la Guadeloupe est très riche et très variée, mais inexploitable.

Cultures.

Les cultures adoptées dans la colonie sont, selon l'ordre de leur étendue, de leur rendement, de leur importance et du nombre de cultivateurs qui y sont employés, les suivantes : canne à sucre, cafier, roucou, manioc, vivres du pays, cacaoyer, cotonnier, vanille, tabac, épices, maïs, plantes à fécule, légumes, etc.

La *canne à sucre*, dont la culture a toujours prédominé, est aujourd'hui cultivée intensivement dans l'île. C'est sur elle que devront probablement reposer longtemps encore la fortune et le bien-être de la vie coloniale.

D'après le résumé officiel de la statistique agricole de la colonie au 1er janvier 1888, la culture de la canne à sucre s'étendait sur 22,958 hectares 50 ares et employait 71,229 cultivateurs répartis sur 6.925 propriétés rurales.

La récolte 1887-1888 a produit 110.000 barriques de sucre.

Le caféier est après la canne à sucre la plante dont la culture est la plus répandue à la Guadeloupe. Elle occupe principalement les endroits trop montueux ou difficiles d'accès pour y permettre celle de la canne et qui varient en altitude de 200 à 600 mètres.

La culture du caféier a aujourd'hui presque entièrement disparu de la Martinique et des îles anglaises avoisinantes ; elle a diminué pendant un certain nombre d'années à la Guadeloupe, mais elle tend aujourd'hui à prendre un plus grand développement. Le nombre des habitations, grandes ou petites où l'on s'adonne à cette culture, était, selon les données officielles, au 1er janvier 1888 de 950, ayant ensemble une superficie de 5,145 hectares, et il s'y employait 6,530 cultivateurs.

La culture du caféier est facile et agréable, mais elle est lente. Il faut au moins trois à cinq années avant qu'une plantation de ce genre soit bien établie et au moins de huit à dix ans avant qu'elle soit en plein rapport. Les plantations, une fois bien établies, sont de longue durée. On voit dans l'île des caféiers qui sont certainement centenaires.

A la Guadeloupe proprement dite se trouvent presque toutes les caféières. Les principales communes productrices de café sont: la Capesterre, les Trois-Rivières, le Vieux-Fort, Gourbeyre, Saint-Claude, le Baillif, les Vieux-Habitants, Bouillante, la Pointe-Noire et Deshaies. Cette culture a entièrement disparu de la Grande-Terre, à l'exception peut-être de quelques petites plantations éparses qui existent encore dans les *grands fonds* des communes du Gosier et des Abymes.

Il existe en ce moment à la Guadeloupe trois variétés de caféier : le caféier ordinaire, le caféier moka et le caféier de la Libérie ;

Le *Caféier ordinaire (Cofea arabica)*, le seul dont on se soit jamais sérieusement occupé dans l'île, est aussi le seul qui ait donné de vrais produits. Il se divise en deux classes, selon sa préparation : le café *bonifieur* et le café *habitant* ; le dernier, qui a une valeur inférieure à l'autre de 10 centimes par 500 grammes, se produit généralement dans les communes situées dans la partie de l'île appelée *Sous le vent*. Ce café, quoique se vendant moins cher, n'est cependant nullement inférieur au *bonifieur* en arôme ou en qualité. La fève en est peut-être un peu plus petite, comme l'est du reste celle de tous les cafés récoltés près du littoral ; la principale différence consiste dans l'opération du bonifiage qui, n'étant pas continuée aussi longtemps, laisse subsister sur la fève du café *habitant* une légère pellicule grisâtre qu'on ne voit pas sur celle du café *bonifieur*.

Le *Caféier moka*, que l'on dit être la véritable plante arabe de ce nom, porte des feuilles et des fruits beaucoup plus petits et arrondis que ceux du caféier ordinaire. Cette variété de caféier est peu cultivée dans l'île, quoique le produit, qui est d'un arôme parfait, soit très recherché par les amateurs et se vende, dans la localité, à un prix double et même triple du café ordinaire. La culture de cette variété pourrait s'étendre avec profit.

Le *Caféier de la Libérie (Coffea Liberiana vel liberica)*, nouvellement introduit à la Guadeloupe, ne semble devoir y prendre que difficilement faveur, quoique dans les Antilles anglaises, la Dominique, la Trinidad, et la Jamaïque, on en fasse déjà des plantations assez considérables. On prétend que la plante, qui est beaucoup plus développée, plus rustique et vigoureuse que celle des deux autres variétés, n'est pas sujette à la maladie, plus ou moins latente, connue sous le nom de rouille, qui règne sur les caféiers et qui est causée par les attaques d'un petit papillon blanc *(Cemiostoma coffeellum.)* La larve de ce petit lépidoptère s'introduit sous l'épiderme de la feuille pour en dévorer le parenchyme, ce qui lui occasionne des taches de formes et de dimensions variées, ressemblant à celles qui seraient causées par la rouille.

Le caféier de la Libérie diffère beaucoup des autres variétés par les grandes dimensions de ses feuilles et de ses fruits. Les fruits, après leur maturité, restent attachés aux arbres jusqu'à ce qu'ils s'y dessèchent, contrairement à ceux du caféier ordinaire, qui tombent dès qu'ils sont mûrs. La récolte peut, en conséquence, se faire plus à loisir, sans craindre les pertes considérables que font subir au caféier ordinaire les grandes pluies ou les vents violents. Tandis que le caféier d'Arabie réussit mieux sur les terrains élevés, celui de la Libérie semble se plaire davantage près du littoral. En dépit donc des nombreux détracteurs que rencontre cette plante, il est à présumer que, comme dans les colonies anglaises, elle sera appelée un jour à occuper un certain rang parmi les cultures de la Guadeloupe.

Le *Roucouyer (Bixa orleana)* est cultivé sur 331 hectares par 1131 cultivateurs, répartis sur 28 propriétés rurales. Il n'existe guère dans l'île, en ce moment, que quatre à cinq grandes exploitations où la graine est réduite en pâte *(Pigmentum urucu)* qui serà la teinture. Après avoir atteint des prix excessifs et fait la fortune de quelques planteurs, le roucouyer, dont la culture s'était étendue rapidement dans l'île, causa la ruine de beaucoup d'habitants. La découverte des couleurs d'aniline fit un tort considérable à la culture du roucouyer, en abaissant au-dessous du prix de revient la valeur de son produit

La culture du roucouyer est facile et de rapide production. La plante, qui est très ornementale, commence à produire au bout de dix-huit mois ou de deux ans; les plantations, une fois bien établies, sont de longue durée et d'un entretien relativement peu coûteux. On en fait deux récoltes par an; la première est la plus considérable. Outre les cultivateurs attachés aux cultures, la récolte du roucou donne de l'emploi à beaucoup de personnes de la campagne, qui sont alors occupées à la cueillette et à l'égrenage des gousses; ce travail se fait généralement à la tâche.

Le *Cacaoyer* (*Theobroma cacao*) est une plante d'avenir pour la colonie, mais elle a été beaucoup trop négligée jusqu'à présent, sans doute à cause du temps qu'il faut avant qu'elle commence à produire Il existe aux Antilles plusieurs variétés de cacaoyer; celles de la Trinidad et de Caracas sont les plus renommées. Des semences de ces variétés ont été demandées pour le jardin botanique de la Basse-Terre, où elles sont cultivées de manière à les propager plus tard dans la colonie.

Le cacaoyer, quoique réussissant mal dans les endroits montagneux et élevés, aime cependant la fraîcheur et l'humidité. Les gorges profondes et ombreuses des torrents, où le sol est d'une fertilité extrême, lui sont très propices. L'arbre n'est guère en rapport qu'au bout de cinq années. La commune du Vieux-Fort est renommée depuis longtemps pour la culture du cacao. MM. Cabre et Clays en ont acquis depuis plusieurs années une grande réputation pour la préparation du chocolat naturel.

Le *Cotonnier* (*Gossypium herbaceum*). — Tandis que, dans les États-Unis de l'Amérique du Nord, où on le cultive si largement, le cotonnier n'est considéré que comme plante herbacée et annuelle, il prend, aux Antilles, les proportions de l'arbuste et même de l'arbre. A la Guadeloupe, il n'est guère cultivé que pour la consommation locale; son produit, le coton, ne sert qu'à la confection des matelas. On peut dire que l'exportation en est nulle.

Pendant la guerre de sécession des États-Unis, le prix du coton étant devenu excessif, beaucoup de planteurs en essayèrent la culture à la Guadeloupe. Les résultats furent désastreux. La précipitation avec laquelle les travaux préparatoires de culture furent exécutés, l'inexpérience des agriculteurs qui croyaient avoir affaire à une exploitation des plus faciles, le manque d'outillage approprié, les maladies qui frappèrent les plantations mal soignées firent que chacun regretta bientôt les champs de cannes à sucre qui avaient été sacrifiés au cotonnier.

Les seules communes où l'on s'en occupe encore sérieusement

aujourd'hui sont celles du Vieux-Fort, des Saintes, de la Désirade et de Saint-Martin.

Le *Vanillier (Epidendrum vanilla, Vanilla aromatica vel mexicana)*. La culture du vanillier ne tend pas à augmenter à la Guadeloupe, à cause du prix avili de la vanille A l'exception de celle de quelques préparateurs soigneux, la vanille de la colonie a peu de renom. Préparée généralement en petite quantité par les cultivateurs du pays, qui s'y entendent peu ou point, et qui, pour hâter les revenus de leur récolte, font la cueillette des gousses avant la maturité voulue, il est rare de voir des lots de vanille ayant une apparence homogène et sans défauts.

Il y a dans l'île deux variétés du vanillier : le *vanillon* ou vanille indigène, qui croît naturellement dans les forêts, et le vanillier du Mexique, qui a été introduit dans l'île. Cette dernière variété est celle qui aujourd'hui est la plus recherchée, son produit étant plus fin et plus aromatique. Le vanillon trouve cependant son placement sur les marchés des États-Unis, où il est mêlé largement au tabac à chiquer.

La culture du vanillier est facile et rapide. La plante se propage par des boutures et produit au bout de deux ans.

Il n'existe dans l'île qu'une seule plantation régulière où la vanille du Mexique soit seule cultivée. c'est celle du docteur S.-C. Loyseau sur l'habitation *La Rozière*, commune du Petit-Bourg.

Partout ailleurs, la vanille est généralement placée au pied de certains arbres, tels que le Pois-doux (Inga vulgaris), qui servent d'abri aux caféiers, elle y pousse à l'aventure, s'élançant à son gré jusqu'à la cime des arbres ; cette méthode, qu'on peut qualifier de naturelle, entraîne la perte d au moins 50 pour 100 des fleurs, car il est souvent impossible d'arriver jusqu'à elles pour les féconder.

Chez le docteur Loyseau, toutes les branches des vanilliers sont maintenues sur des traverses en fougère à 1m,30 au-dessus du sol ; on peut donc, sans grand effort, féconder toutes les fleurs.

Le jour où on aura introduit dans la colonie une certaine abeille originaire du Mexique qui là-bas se charge de la fécondation en butinant sur les fleurs, la récolte locale doublera de suite.

Le *Manioc (Jatropha manihot)*. — Cette plante, dont le produit principal, la *farine de manioc*, n'entre pour aucune part dans l'exportation générale de la colonie, est néanmoins, après la canne à sucre, celle qui y est le plus généralement cultivée. La farine de manioc remplace le pain pour le plus grand nombre des cultivateurs et se voit journellement, par habitude, fantaisie ou nécessité, sur la table des plus pauvres comme des plus riches habitants de l'île ; dans d'autres pays, à la Guyane par exemple, elle est remplacée par la *Cassave* qui n'est que la râpure de manioc agglutinée et séchée au feu, en forme de galettes ou de gâteaux.

Des racines tuberculeuses du manioc on extrait encore une fécule abondante, connue dans les Antilles françaises sous le nom de *Moussache (Fecula braziliensis).* Cette fécule ne sert presque entièrement qu'à remplacer l'amidon dans l'empesage des vêtements. On peut cependant en confectionner des mets et des pâtisseries assez agréables. Quand encore humide, on la granule, elle prend le nom de *tapioca.*

A l'exception du manioc doux. *(Jatropha radice dulci)* dont les racines peuvent se manger sans préparation préalable, crues. bouillies ou cuites sous la cendre, celles des autres variétés cultivées, qui sont assez nombreuses et connues sous le nom général de manioc amer, sont toutes excessivement vénéneuses et causent des symptômes d'empoisonnement et une mort assez rapide chez l'homme et les animaux quand elles sont employées avant la cuisson ; l'action du feu en détruit entièrement les principes vénéneux.

Cette plante semble se nourrir beaucoup de l'atmosphère et ne point fatiguer la terre qui l'a produite, car on voit des champs où, sans engrais, elle est cultivée depuis de longues années. Le manioc se reproduit par des boutures formées des tronçons de tiges, provenant des plantes que l'on vient de récolter et que l'on introduit dans la terre sur le côté des sillons. Un ou deux sarclages suffisent pendant la récolte, car les mauvaises herbes qui recouvrent rapidement le sol sont étouffées par l'ombre du feuillage de la plante.

Vivres du pays. — Sous la dénomination générale de *vivres du pays,* sont compris non seulement le manioc, mais encore toutes les autres racines alimentaires qui sont cultivées dans la colonie, comme l'*igname,* la *patate,* le *malanga,* le *madère.* la *coussecouche,* etc., et qui servent largement à la nourriture journalière des habitants, sans compter cependant parmi les produits d'exportation. Il existe peu d'habitations où l'on ne cultive exclusivement que le manioc ou les autres racines ; mais sur presque toutes celles où l'on récolte du café, du roucou ou du cacao et même de la canne à sucre, il y a toujours une quantité plus ou moins grande de terrain qui est affectée à la production de ces vivres. Chez les petits propriétaires ou sur les terres occupées par des colons partiaires, hors des grands centres où l'on ne cultive que la canne à sucre, on voit un mélange confus de cultures diverses qui n'est pas sans charmes, à cause de la variété qu'on trouve dans les plantations d'arbres fruitiers, de caféiers, de cacaoyers, debananiers, de manioc et de toutes les racines du pays. Le profit qu'en retirent ces humbles cultivateurs n'est pas à dédaigner car ce sont ces produits variés qui servent en partie à la nourriture des travailleurs et des ouvriers des usines et des grandes propriétés, et aussi à approvisionner les marchés des villes et des bourgs. Presque tous ces petits propriétaires ou fermiers s'adonnent en même temps, chacun selon ses moyens et l'étendue de ses terres, à l'élevage des bestiaux et de la volaille ; ce sont eux qui fournissent aux habitants des villes le lait et les œufs ainsi que la viande de petite boucherie et les légumes qui leur sont nécessaires.

Les *Arbres* fruitiers de toute sorte poussent partout en profusion dans la colonie et ne contribuent pas peu, par leur exubérante végétation, à l'aspect verdoyant qu'offrent, de la mer, certains abords de l'île. On n'y voit cependant point de plantations régulières d'arbres fruitiers auxquelles on pourrait donner même le nom de *verger*. Chacun plante à sa manière ou à sa fantaisie, çà et là, sur sa petite propriété, les semences des bons fruits qui lui tombent sous la main ; hors de la localité, aucun profit appréciable n'est tiré de la quantité considérable de fruits que fournit le pays ; tout y est consommé sur place. Il ne s'y fait point d'exportation régulière d'oranges, de figues, de bananes, comme dans les îles anglaises, qui en exportent de grandes quantités aux Etats-Unis.

On se demande pourquoi, de nos jours, on *importe* encore dans l'île des noix de coco, quand le cocotier est une plante des tropiques et qu'il croît si facilement et si rapidement à la Guadeloupe. Le maïs donne deux récoltes par an, et on n'en plante pas assez pour suffire à la consommation locale ; on en reçoit constamment des Etats-Unis. Parmi les plantes à fécule, nombreuses d'ailleurs à la Guadeloupe, le dictame (*Fecula marantha*), provenant du *Marantha arundinacea* ou *indica* (*arrow-root* des Anglais), peut pousser partout dans les champs et les jardins et l'on n'en tire qu'un profit insignifiant ; à la Barbade, au contraire, et aux Bermudes, on se livre en grand à son exploitation, qui compte largement dans les revenus de ces îles. Le *Palma-christi* (*Ricinus communis* de diverses variétés croît partout à l'état sauvage ; il en est de même du *gigiri* ou *sésame* (*Sesamum orientale)* et de bien d'autres plantes oléagineuses, telles que le ben oléifère, le galba, les médiciniers, les arachides, etc ; et cependant toutes les huiles consommées dans l'île sont importées du dehors, sans que l'on cherche même à en exporter les matières premières, qu'il serait si facile d'obtenir par la culture.

On y voit croître avec indifférence : l'indigo, le gingembre, la muscade, la casse, le poivre, la canelle, le bois d'Inde.

Le *tabac*. — De tous temps on a plus ou moins cultivé un peu de tabac dans l'île, jamais cependant en assez grande quantité pour servir à l'exportation ni même satisfaire à la consommation locale. Les bonnes méthodes de préparation n'étant point connues, chacun travaillait sur une échelle restreinte et préparait à sa guise sa petite récolte.

On peut ajouter que cette culture, dont le produit, connu sous le nom de *petun*, représentait autrefois la monnaie des premiers habitants de l'île, avait été abandonnée pour faire place à l'industrie du sucre, alors bien autrement avantageuse. Le tabac était tombé dans une sorte de discrédit, et l'on en était même arrivé à penser que le sol de la Guadeloupe ne pouvait lui convenir.

Depuis deux ans, l'administration coloniale a entrepris à ses frais des expériences sur la culture de cette plante, sous la direction d'un spécialiste qu'elle a fait venir de l'île de Cuba.

Les premières expériences ont été faites au jardin botanique de la Basse-Terre, et il a été démontré que les produits qui y furent récoltés, quoique ne possédant pas toutes les conditions voulues de combustibilité, étaient cependant de bonne apparence et avaient sensiblement, grâce au procédé employé dans la fabrication, l'arome du tabac que fournit le plus fameux district de l'île espagnole.

Dès que les connaissances au sujet de la culture et de la préparation du tabac se seront un peu plus répandues à la Guadeloupe, grâce à la direction de M. le contrôleur des tabacs. Tournafond, il est probable que les plantations augmenteront rapidement, car, à cause du peu de temps qu'occupe chaque récolte, le cultivateur n'aura pas longtemps à attendre pour jouir des fruits de son travail. Certaines parties de la Guadeloupe ont déjà un certain renom pour la qualité de leur tabac, et il est probable que le défaut de combustibilité n'existera plus pour les tabacs récoltés dans ces endroits. Il est bon de remarquer aussi que les expériences faites au jardin botanique avaient eu lieu *intentionnellement* dans un sol naturel et sans aucun engrais, afin de juger de la valeur du terrain. Il est certain qu'avec des fumures faites intelligemment, la qualité des produits pourra être grandement améliorée.

Le jour où la colonie sera parvenue à produire un tabac qui, par sa qualité déjà constatée et par sa bonne préparation, sera assuré de trouver son placement dans les établissements de la régie, une industrie nouvelle et des plus fructueuses aura été fondée à la Guadeloupe.

La Ramie (*Urtica utilis, var-tenacissima*).— Dès l'année 1870, cette plante fut introduite à la Guadeloupe sous le nom de *China-Grass* ou Ramie. On se servit d'abord de plants de la variété *Urtica Nivea* ou ortie blanche de la Chine.

Plus tard, quoique l'*Urtica Nivea* réussît à merveille, quant à la végétation, dans les parties élevées, fraîches et humides de l'île, on apprit qu'elle n'était pas la variété qui convenait aux pays chauds, et qu'il était préférable d'y cultiver l'*Urtica utilis* ou *tenacissima*, qu'on dit être la véritable *Ramie* de la Chine.

La différence entre ces deux orties textiles est que la variété dite *Nivea*, comme son nom l'indique, est d'un blanc argenté sous ses feuilles, tandis que l'*utilis* ou *tenacissima* est d'un vert pâle ou grisâtre, plus ou moins blanchâtre, selon la maturité ou l'exposition des plantes. Quant à la force de résistance des fibres, il existe apparemment peu de différence entre les deux variétés; elles sont, dans l'une comme dans l'autre, d'une solidité extrême.

Cependant, comme il a été reconnu, d'après les expériences faites au Jardin botanique de la Basse-Terre, que la variété *utilis* ou *tenacissima* convenait mieux aux terres voisines du littoral, et exposées à la sécheresse, que l'*urtica nivea* qui n'y pousse pas aussi bien, il n'est plus cultivé dans cet établissement que la première de ces deux variétés, qui a l'avantage de réussir aussi bien près du littoral que sur les hauteurs de l'île. C'est cette variété qui a été propagée et largement distribuée dans toutes les communes de la colonie, à tous les cultivateurs qui en ont fait la demande.

Mais en dépit de cette facilité de se procurer du plant, et de la rapidité de propagation de la plante elle-même, au moyen d'éclats de racines, ou de rhizômes, la culture de la *Ramie* n'en est encore qu'à la période d'essai. Chacun sent, il est vrai, qu'il peut y avoir dans ce textile un avenir brillant pour la colonie, dont le sol et le climat conviennent admirablement à cette culture; presque partout, en effet, on peut compter sur trois ou quatre récoltes, chaque année.

Mais pour se lancer dans cette voie nouvelle, les habitants attendent que le problème de la décortication ait été résolu d'une manière satisfaisante. Ce qu'il importe de se procurer, c'est une machine propre à décortiquer les tiges à l'état vert, en extrayant tout ce que la plante contient de fibres utilisables. Plusieurs de ces machines ont été, tour à tour, préconisées, mais aucune, jusqu'à présent n'a donné les résultats qu'on en attendait.

Déjà, il y a quelques années, l'administration coloniale a fait venir à ses frais, deux de ces décortiqueuses. Elles opéraient sur les tiges sèches, et furent confiées successivement aux chambres d'agriculture des arrondissements de la Pointe-à-Pitre et de la Basse-Terre. Malheureusement les résultats obtenus, dans les expériences auxquelles elles ont été soumises, n'ont pas répondu aux espérances qui avaient déterminé leur acquisition.

La vogue paraît aujourd'hui se porter vers une nouvelle machine à décortiquer à l'état vert, *la machine Brewer*. L'administration coloniale, d'après le vœu émis par le conseil général dans sa dernière session ordinaire. s'est empressée d'en commander une. Aussitôt son arrivée, des expériences seront faites au jardin botanique qui fournira les tiges à l'état vert.

On parle aussi beaucoup du système de décortication de M. Favier, par l'action de la vapeur sur les tiges fraîches. La chambre d'agriculture de la Basse-Terre se propose d'expérimenter ce procédé et de faire connaître au public les résultats que ces essais auront permis de constater.

Il est fort à désirer que le succès de ces expériences entraîne d'une manière décisive les cultivateurs dans la voie vaillamment ouverte par MM. Barzilay et Lacroix qui, sur leur propriété de la Goyave, se sont résolument adonnés à la culture de la ramie non seulement pour la production des tiges, mais aussi pour leur décortication. Des plantations déjà considérables et qui vont progressivement se développer, grâce au concours de capitaux que MM. Barzilay et Lacroix ont su intéresser à l'entreprise. y sont déjà établies, et des expéditions de fibres décortiquées par la machine Smith, perfectionnée par MM. Death et Elwood, ont obtenu des prix assez avantageux en Angleterre.

Les propriétaires de l'exploitation de la Goyave ont pleine confiance dans le succès final de leur entreprise. D'autres plantations se forment aussi dans les communes de la Baie-Mahault et de Sainte-Rose. A un moment donné. elles pourront s'étendre indéfiniment, si les machines à décortiquer donnent les rendements nécessaires pour faire, de cette culture. une industrie rémunératrice.

Il résulte des expériences qui ont été faites tant au jardin botanique de la Basse-Terre que par les particuliers qui ont planté de la ramie, que cette plante s'accommode parfaitement du sol de la Guadeloupe.

Sur les terres se rapprochant du littoral, elle peut donner trois récoltes par an, tandis que sur les montagnes, où la fraîcheur et l'humidité sont plus constantes, on pourrait facilement réussir à en obtenir quatre.

Il est donc vrai de dire qu'il ne s'agit plus que d'avoir une machine convenable pour la décortication, pour voir immédiatement les champs de ramie se multiplier dans toutes les parties de la Guadeloupe.

Le Riz. *Oriza sativa.* Une culture nouvelle vient d'être introduite à la Guadeloupe : c'est celle du riz. Elle nous vient de l'île de Cuba, d'où une famille espagnole, récemment établie dans la colonie, a importé les premières semences. Cette variété de riz, qui ne nécessite point l'établissement de rizières, ou marécages artificiels, si funestes à la santé publique, peut se cultiver, comme les autres graminées, dans des terrains plus ou moins élevés. L'année dernière, dans la commune de Gourbeyre et dans celle des Trois-Rivières, cette culture a donné des résultats étonnants, quant au rendement par hectare. Vendu au détail, ce riz a été trouvé excellent, égal au meilleur provenant de l'Inde, et a obtenu un prix rémunérateur.

Les chambres d'agriculture de la Basse-Terre et de la Pointe-à-Pitre, émerveillées par les résultats obtenus, poussent très activement à la propagation de cette culture dans les différents quartiers de la colonie, par des distributions gratuites de semences provenant soit de Gourbeyre, soit des Trois-Rivières.

La Guadeloupe importe annuellement de 30 à 40,000 sacs de riz pour la nourriture de ses habitants, principalement de ses immigrants indiens. Ce chiffre parle assez éloquemment en faveur de cette culture nouvelle.

Il est à regretter que, loin d'utiliser le karata (Fourcroya gigantea) que la nature prodigue partout, on le détruise avec une certaine énergie.

Des expériences faites ont établi qu'un hectare de karata peut comporter 2,400 pieds, que 9 pieds de karata peuvent, avec les moyens primitifs actuels de décortication, donner 95 brasses de corde, et d'une corde bien supérieure à celles que nous recevons d'Europe et d'Amérique.

On se demande donc pourquoi la machine à décortiquer le karata est connue partout, excepté à la Guadeloupe. Tout récemment MM. Lacroix et Barzilay qui s'occupent activement de la culture de la ramie ont obtenu d'excellents résultats de décortication du karata par la machine Death destinée à la décortication de la ramie. On se demande également pourquoi l'industrie de la corderie n'existe pas depuis longtemps dans notre île, quand les textiles y sont si nombreux.

Des échantillons de filasse et de corde en karata, envoyés aux concours agricoles de Paris, ont attiré l'attention d'industriels sérieux, c'est dire assez clairement qu'il y a là une mine d'or inexploitée.

Il est à regretter aussi que l'apiculture soit inconnue à la Guadeloupe, on se contente de récolter la cire et le miel des essaims errants, sans chercher à les fixer et à constituer un centre d'exploitation ; et cependant notre cire et notre miel ont toujours eu les plus grands succès à toutes les expositions du continent européen.

Climat, météorologie.

Le climat est doux et la chaleur supportable. La température moyenne est de 26° centigrades ; le maximum de son élévation varie, suivant la saison, entre 30 et 32° à l'ombre, et le minimum, entre 20 et 22°. La chaleur est tempérée par deux brises régulières et alternatives : celle de mer, qui souffle depuis le lever jusqu'au coucher du soleil et s'accroît à mesure que le soleil monte à l'horizon, et celle de terre, qui commence à souffler entre six et sept heures du soir et dure presque toute la nuit.

La température des Antilles est soumise à des variations dont l'action diffère de celle des variations de la température dans la métropole. « Ces variations, disait en 1817 Moreau de Jonnès, sont plus régulières, plus rapides et moins grandes ; elles suivent avec exactitude le cours du soleil et se rapprochent beaucoup de celles qu'éprouve l'atmosphère pélagique. » L'éminent géologue Sainte-Claire Deville écrivait en 1843 : « Les lois qui régissent les variations dans la pression de l'atmosphère sont, aux Antilles, d'une telle régularité qu'il suffirait certainement d'un fort petit nombre d'années de bonnes observations sédentaires pour les établir d'une manière parfaite. »

Moreau de Jonnès avait déclaré que le terme moyen des variations diverses du thermomètre était à peu près de 5°.

Sainte-Claire Deville a trouvé 5° 45.

Températures extrêmes.

Sainte-Claire Deville dit qu'à l'ombre et au niveau de la mer :

Le minimum de la température s'abaisse rarement au-dessous de 17° ;

Le maximum n'atteint jamais 33°.

Variations annuelles.

Elles sont peu considérables.

Les plus anciennes observations ont été constatées pour la Basse-Terre par Le Gaux.

Maximum 38° 38 ; minimum 19° 38.

La moyenne, que Sainte-Claire Deville déclare trop élevée, est de 27° 51.

Ce savant, après une série d'observations faites à la Basse-Terre (1841, 1842, 1843, 1849, 1850, 1851), et à la Pointe-à-Pitre (1842, 1843, 1849, 1850, 1851), donne les moyennes :

Basse-Terre......... .... 26° 53
Pointe-à-Pitre................. .... 25° 93
Moyenne des deux localités............. 26° 16

Généralement on admet que deux saisons partagent l'année :
l'une, plus fraîche et plus sèche, de décembre à mai, pendant
laquelle la végétation se repose, certains arbres se dépouillent de
leurs feuilles ; l'autre, plus chaude et plus humide, de juin à
novembre, époque des pluies et des chaleurs, partagée par les
trois mois d'hivernage, de juillet à octobre, époque de pluies
diluviennes et d'ouragans dévastateurs.

Thibault de Chanvalon a, le premier, fait remarquer que cette
distinction était trop absolue, et que si l'on observait avec soin la
marche de la végétation et les variations de la température, on
constaterait que les modifications ont lieu aux mêmes époques et
dans le même sens qu'en Europe.

M. Carpentin, médecin principal de la marine, dans la thèse
qu'il a soutenue pour le doctorat devant la Faculté de médecine
de Paris, (Le Camp-Jacob, sanitarium des troupes pour leur pré-
servation contre les endémo-épidémies de la zone torride), a été
amené à diviser ainsi l'année au Camp-Jacob.

Saison fraîche : de décembre à avril exclusivement, partagée
en deux périodes : l'une pluvieuse, décembre et janvier ; l'autre
sèche, février, mars, avril.

Saison de transition ou renouveau, annonçant l'hivernage, mai
et juin.

Saison de l'hivernage de juillet à octobre inclusivement, offrant
deux constitutions météorologiques : la première pluvieuse, juillet,
août, la seconde orageuse, septembre, octobre, et désignée sous
le nom d'électrique.

Deuxième saison de transition ou petit été de la Saint-Martin,
novembre.

La température moyenne, établie sur cinq années d'observations,
est de 21° 5. Le minimum obtenu en février est de 19° 5 et le
maximum en août et plus souvent en septembre, de 22° 9.

L'altitude du Camp-Jacob varie entre 545 et 548 mètres.

La moyenne de la température du Matouba, entre la rivière-
Noire et la rivière Rouge (altitude de 498 à 656 mètres) est de
18°. Le thermomètre y est descendu jusqu'à 11°.

Pluies.

Les pluies ont, selon l'époque de l'année, une intensité dif-
férente :

1° De juillet à septembre, la chaleur solaire provoque une évapo-
ration, dit Moreau de Jonnès, de 11 millimètres en douze heures.
Il se forme alors, dans la moyenne région de l'air, un océan de
vapeurs qui se condensent, se rapprochent et voilent complètement
le ciel. Des nuages sombres et menaçants enveloppent les montagnes et font disparaître l'horizon de la mer. Les pluies diluviales
commencent à tomber, traversant l'atmosphère comme des torrents.
Dans les vingt-quatre heures, leur quantité monte jusqu'à 13, 15
et 18 millimètres de hauteur. Elles commencent quelquefois à
tomber en avril pour ne cesser qu'en octobre.

2º Les pluies ordinaires tombent dans toutes les saisons et versent une moindre quantité d'eau. Elles sont causées par les variations des vents, qui abaissent localement la température et déterminent subitement la condensation des vapeurs. Le terme moyen de la quantité d'eau qu'elles fournissent est de 6 mill. 767 à 9 mill. 023. par jour.

3º Les nuages isolés forment le grain, ondée soudaine que l'horizon annonce au moment de sa chute seulement, et qui tombe parfois avec tant de violence qu'on la prendrait pour de la grêle.

Depuis que les Français occupent la Guadeloupe, on n'a constaté qu'une seule fois le phénomène de la grêle. Cet événement extraordinaire a eu lieu en 1805 et a causé quelques ravages à la Grande-Terre.

Vents, ouragans, raz de marée, marées.

Le vent du Nord vient de l'hémisphère boréal, en suivant la route du Nord vers l'Est, et arrive, sec et froid, aux Antilles pendant les mois de novembre, décembre, janvier et février. Le thermomètre de Réaumur descend quelquefois à 16º, l'aiguille de l'hygromètre se fixe entre le 60ᵉ et le 70ᵉ degré pendant les heures de la journée où la brise, soufflant avec plus de force, produit le dernier terme de la sécheresse relative du climat.

Le vent du Sud vient de l'hémisphère austral, oscille entre l'Est et l'Ouest et est chaud et humide. Il souffle avec moins de force et de continuité que celui du Nord et de l'Est, fait monter le thermomètre de Réaumur à 28º, produit une abondance considérable de vapeurs dans l'atmosphère, voile l'horizon par une sorte de brume, fixe l'aiguille de l'hygromètre au degré de l'humidité radicale ou à peu de degrés au-dessous, exerce une influence dangereuse et maligne, parce que, sans doute, il est chargé des exhalaisons des marais de Sainte-Lucie ou même de ceux de l'Orénoque. Il règne en juillet, août, septembre et octobre.

Le vent d'Est, dominant principalement en mars, avril, mai et juin, participe des propriétés du vent du Nord, dont il a plus ou moins la direction, quoiqu'il souffle avec moins de force et qu'il ne soit ni aussi sec ni aussi froid. « Pendant sa domination, dit Moreau de Jonnès, le vent d'Est établit dans l'archipel une constitution tempérée, rarement troublée par des perturbations atmosphériques; c'est la plus favorable à la santé des créoles et des européens acclimatés, à qui nuisent également les brises froides du Nord et les vents chauds et orageux du Sud. »

Les vents d'Est, appelés vents alizés, varient du N.-E. au S.-E. et dominent pendant les trois quarts de l'année.

Le vent d'Ouest est très-rare, moins constant dans sa durée que les autres; il s'éloigne, dans ses variations, beaucoup plus du Nord que du Sud, et a les propriétés du vent du Sud. Comme ce dernier, il pousse vers les îles une brume blanchâtre, accompagnée d'une odeur de varech. Ces bourrasques orageuses sont entrecoupées de calmes plats.

Aux Antilles, il existe deux perturbations atmosphériques qui causent à des degrés différents des dégâts toujours trop affreux : le coup de vent et l'ouragan.

Le coup de vent est la première forme de cette perturbation, dont l'ouragan est le terme extrême.

Il y a aux îles deux expressions pour désigner les deux degrés de violence du coup de vent.

Le coup de vent est désigné sous le nom de bourrasque, et l'on appelle le moins violent bourrasque à bananes, parce qu'il ne renverse ordinairement que cette musacée, à la tige herbacée et visqueuse.

Le coup de vent est ce que l'on désigne sous le nom de bourrasque en Europe. Il déracine les arbres et peut ébranler et renverser les bâtiments mal assurés. Le désastre qu'il peut produire n'est pas général. il ne vient que de la partie du Nord ou du moins de la partie comprise depuis le Nord-Ouest jusqu'au Nord-Est. Si, parfois, il souffle de la partie du Sud, ce n'est qu'en retour : « C'est-à-dire, dit Chanvalon, que c'est le même coup de vent qui était venu du Nord et qui, peu de temps après, revient sur ses pas, comme s'il était repoussé de la partie du Sud. »

Le coup de vent est accompagné d'une forte dépression du baromètre.

Sainte-Claire Deville a relevé plusieurs de ces phénomènes et notamment celui du 21 septembre 1834.

Dans un coup de vent du Nord-Est (21 septembre 1834), de 3 à 5 heures du matin, le même baromètre s'abaissa à 754 millimètres. donnant une dépression d'environ 12 millimètres au-dessous de la moyenne du lieu.

Si violente que soit la bourrasque, elle n'est rien cependant, comparée à l'affreuse perturbation atmosphérique que les Caraïbes appelaient *ioüàllou* et qui inspirait aux anciens habitants des Grandes et des Petites-Antilles une terreur si profonde qu'ils étaient persuadés que le mauvais génie la déchaînait contre eux comme une vengeance. Ces mêmes Caraïbes faisaient parfaitement la distinction entre le *ioüàllou* et le coup de vent qu'ils désignaient sous les deux noms de *allibienli* et de *al ibichaali conoboüi*.

Ce phénomène épouvantable doit son nom actuel *ouragan* aux premiers colons des îles françaises.

Le père Raimond Breton. l'un des premiers dominicains établis à la Guadeloupe, le constate dans le dictionnaire de la langue caraïbe qu'il a composé pour l'usage des missionnaires : « Les Français l'appellent *ouragan*; ce nom est repris des Grecs. chez lesquels il signifie un tourbillon, et en effet c'est un ou plusieurs tourbillons orageux, ou plusieurs orages turbulans qui se suivent l'un l'autre ; tantôt l'un vient du Nord et, après avoir fait ses efforts. un autre souffle à l'opposite ; l'autre les voulant séparer, sort de l'Orient, mais celuy de l'Occident s'y oppose, et tous à qui mieux mieux, chacun à son rang, sont si furieux qu'ils renversent sur la terre les vivres, les arbres. les maisons, et ce qui résiste à leur violence ; jettant en coste tout ce qu'ils rencontrent sur la mer, sur laquelle ils poussent ses flots avec tant d'impétuosité qu'ils semblent qu'ils veulent tout ensevelir dans les ondes ; les tonnerres grondent, tout l'air est en feu, la terre est inondée de toutes parts et enfin les hommes quittent leurs cases, crainte d'estre écrasés dessous. »

L'ouragan a des effets désastreux, dont l'étendue et la puissance dépassent l'imagination. Il se localise dans une ou plusieurs îles, se rue sur une partie de l'archipel ou sur l'archipel entier, s'étend sur les Grandes Antilles jusqu'au fond de la mer des Antilles ou du golfe du Mexique, fond sur les côtes des États-Unis et va mourir au Grand-Banc de Terre-Neuve.

Les anciens habitants des Antilles françaises, par une expérience chèrement acquise, avaient toujours eu la ferme conviction que la lune exerçait aussi une influence directe sur la production de l'ouragan et sur les travaux de l'agriculture.

Thibault de Chanvalon dit à cette occasion :

« Les habitants de nos colonies sont si persuadés de l'influence de la lune que sa marche leur sert de règle pour les semences, pour les plantations, pour la coupe des bois, enfin pour les entreprises d'agriculture ou du commerce qui dépendent du temps.

« Ils prétendent que les changements de temps doivent arriver aux nouvelles et pleines lunes, en y comprenant les trois jours qui précèdent et qui suivent chacune de ces phases. Cela fait quatorze jours, ou près de la moitié du mois. Ainsi cette combinaison, trop générale sans doute, devient équivoque et incertaine, par l'étendue qu'on lui donne. Elle se réduit à une espèce de gageure, presque égale des deux côtés.

« Pour mieux assurer cette opinion, on assure que c'est dans ces mêmes termes du cours de la lune que sont toujours arrivés les ouragans et les tempêtes les plus remarquables. On n'en rapporte point de preuves. J'ignore qu'elles soient écrites ou déposées quelque part. On n'indique que pas même la date précise d'aucun de ces événemens. Des allégations aussi vagues, un témoignage aussi léger, quoique unanime, ne forme donc jusqu'à présent aucun degré de certitude, puisqu'il ne paraît fondé que sur la tradition qui, le plus souvent, ne porte elle-même que sur l'habitude de croire sans approfondir la vérité. »

Les preuves sont aujourd'hui données ; elles sont écrites et déposées, les dates précises ont été produites. Il appartenait à l'amiral Fleuriot de Langle de démontrer la part d'influence de la lune sur la production de l'ouragan. Cette démonstration a été faite dans un mémoire : *Recherches sur la périodicité des ouragans*, couronné par le jury en 1875, lors de l'Exposition universelle de géographie, à Paris.

Il faut citer encore ici une observation de Sainte-Claire Deville :

Le 24 août 1832, à 5 heures du matin, le baromètre de l'hôpital de la Basse-Terre indiquait 763 millimètres. Un violent vent du Nord souffla à 10 heures du matin et fit descendre le baromètre à 760. Cet instrument tomba graduellement en quelques heures à 727 millimètres 5 (3ʰ 5ᵐ du soir). Après un calme subit, suivi d'un vent violent du Sud, il se releva rapidement et atteignit de nouveau 760 millimètres à 5 heures du soir. L'oscillation, en douze heures, avait été de 36 millimètres.

On a cru, pendant longtemps, que l'ouragan était soumis, dans son retour, à une certaine périodicité, et l'on était allé jusqu'à affirmer que les intervalles étaient, selon les uns de cinq ans et de sept ans, selon les autres. C'était une erreur reconnue depuis et que prouve la trop longue liste des ouragans depuis la découverte de l'Amérique La production du phénomène n'est pas soumise à ce cercle fatal de cinq ou sept ans. Les Antilles eussent été alors inhabitables. L'ouragan se présente à de courts intervalles, peut se ruer sur les îles d'année en année, et son retour n'a lieu qu'à des époques rés éloignées. Sa périodicité est donc irrégulière. Le dernier des ouragans qui ont atteint la Guadeloupe a été celui du 6 septembre 1865, qui a fait de nombreux ravages. La dépression barométrique dans cette perturbation a été de 32 millimètres.

Nous allons indiquer les dates de tous les ouragans qui ont été notés avec précision à la Guadeloupe :

13 juillet, 1ᵉʳ octobre 1653. — 22 octobre 1664. — 4 août 1666. — 13 au 14 août 1714. — 19 août 1738. — Septembre et octobre 1751. — 12 septembre 1756. — septembre 1765. — 13 août et 6 octobre 1766. — 1ᵉʳ septembre 1772. — 5 septembre 1776. — 3 octobre 1779. — 30 juillet 1784. — 31 août 1785. — 14 août 1788. — 3 septembre 1804. — 23 juillet 1813. — 16 septembre 1816. — 21 octobre 1817. — 22 septembre 1818. — 24 octobre 1819. — 1ᵉʳ septembre 1821. — 26 juillet 1825. — 24 août 1832. — 6 septembre 1865.

Ouragans dont la date est inconnue.

1642, 1644, 1652 ; un quatrième ouragan, arrivé en 1653, se place entre ceux de juillet et d'octobre de la même année.

1655, 1656. Deux ouragans en 1656. Le second fut épouvantable.

1713. Toutes les plantations de vivres furent ravagées. Tous les navires en rade de la Basse-Terre furent jetés à la côte.

1733, 1740. Celui de 1740 ravagea les plantations et renversa quelques maisons en faisant des victimes.

Coups de vents notés.

20 août 1787, 1809, 1819, 1820 ; 1824, dans la nuit du 7 au 8 septembre ; 1831, 10 août ; 1834, 21 septembre ; 1848, 21 août.

Les tempêtes pélagiques, appelées raz de marée, sont principalement dues au refoulement des eaux dans le passage ouvert entre Cuba et le Yucatan. Ce refoulement est causé par les vents de Nord-Ouest qui s'opposent à l'écoulement de ces eaux dans le golfe du Mexique. L'obstacle qui arrête le courant équatorial en repousse les flots vers les Antilles, dont les rivages sont heurtés avec violence et dont les détroits n'ont plus que des vagues tumultueuses et d'une grande hauteur.

Autrefois, quand la Basse-Terre était le centre des affaires de l'île et que tous les navires y mouillaient, et lorsque la Pointe-à-Pitre n'avait pas encore absorbé tout le mouvement commercial, on s'occupait des raz de marée qui jetaient à la côte les navires.

Le premier raz de marée qui fut suivi d'une mesure pour prévenir les effets désastreux de ce phénomène fut celui du 31 juillet 1765, après lequel une décision, du mois de décembre, prescrivit aux navires en rade de la Basse-Terre de se réfugier pendant l'hivernage dans la rade des Saintes. La Pointe-à-Pitre devint le port de refuge officiel, en vertu de l'ordonnance royale du 28 décembre 1756

La Basse-Terre ne reçoit qu'un très petit nombre de navires et les bateaux qui y sont mouillés sont avertis qu'il y a raz de marée par le pavillon M, de la série internationale, entre deux boules noires. Ils appareillent et se dirigent soit aux Saintes, soit à l'Anse-à-la-Barque, située sur la côte occidentale de la Guadeloupe proprement dite.

Quand il y a une dépression barométrique de 5 millimètres au moins, on hisse un pavillon rouge au-dessus duquel se trouve une boule noire. S'il y a mauvais temps et que la dépression dépasse 5 millimètres, on hisse un pavillon rouge au haut du mât de signal et deux coups de canon sont tirés à une minute d'intervalle. La nuit, on place un feu blanc à un bout de la vergue et l'on tire deux coups de canon à une minute d'intervalle.

Le mouvement régulier du flux et du reflux produit deux hautes mers ou pleines mers, et deux basses mers dans le temps qui s'écoule entre deux passages consécutifs de la lune au méridien ou dans un jour lunaire.

A la Guadeloupe, le flux et le reflux se font sentir deux fois en vingt-quatre heures; quinze jours avant et après les deux équinoxes, la mer baisse de minuit à 9 heures du matin, monte de 9 heures à midi, s'abaisse de midi à 9 heures du soir et s'élève de 9 heures à minuit. Elle baisse pendant dix-huit heures sur vingt-quatre et ne hausse que pendant six heures La hauteur des marées ordinaires est de 0^m 40605 à 0^m 48726. Elle est un peu moindre à l'époque des solstices et tout au plus de 0^m 97452 pendant les équinoxes.

Durée des jours.

Les jours sont à peu près égaux. La durée des plus courts est de 11 heures 14 minutes et des plus longs de 12 heures 56 minutes. Leur durée moyenne est de 12 heures 5 minutes. Le crépuscule n'ajoute qu'un moment à la longueur du jour et il fait nuit aussitôt que le disque du soleil est au-dessous de l'horizon. Le soleil se lève du 1er janvier au 20 mars, depuis 6 heures 28 minutes 4 secondes jusqu'à 6 heures précises et se couche depuis 5 heures 31 minutes 20 secondes jusqu'à 6 heures.

Du 25 mars au 20 septembre, il se lève depuis 5 heures

59 minutes 48 secondes jusqu'à 5 heures 30 minutes 44 secondes et se couche depuis 6 heures 12 secondes jusqu'à 6 heures 28 minutes 44 secondes et redescend jusqu'à 6 heures.

Du 25 septembre au 31 décembre, il se lève depuis 6 heures 1 minute 16 secondes jusqu'à 6 heures 29 minutes 8 secondes et se couche depuis 5 heures 58 minutes 44 secondes jusqu'à 5 heures 30 minutes 52 secondes

La différence entre le méridien de Paris et celui des Antilles donne une différence de temps qui, pour la Guadeloupe, est de 4 heures 14 minutes 4 secondes.

Ports.

Les ports de la Guadeloupe ouverts au commerce sont ceux de la Pointe-à-Pitre, de la Basse-Terre, du Moule, du Grand-Bourg (Marie-Galante) et du Port-Louis.

C'est sur la Pointe-à-Pitre que se dirigent, comme nous l'avons déjà dit, les neuf dixièmes des navires qui fréquentent la colonie. Cette préférence s'explique par l'étendue et la sûreté de son port, qui est le centre commercial de l'île. Il est placé sur la route directe du canal de Panama, et cette heureuse situation lui permettra sans doute de profiter, dans une large proportion, des avantages attendus du percement de l'isthme.

Les autorités locales se sont émues déjà des conséquences éventuelles de la réalisation de ce grand projet, et parmi les mesures d'intérêt général qu'elles ont inscrites dans le programme des réformes à venir, il n'en est pas auxquelles elles attachent une importance plus grande que l'élargissement et l'amélioration du port de la Pointe-à-Pitre. A cette pensée se joint celle qui a pour objet la canalisation de la Rivière-Salée, dont l'ouverture à la navigation de long cours aurait pour effet de racourcir, dans une proportion appréciable, les voyages des navires allant de Panama ou *vice versa*.

En vue de la réalisation du projet dont il s'agit, les navires à partir du 1er janvier 1888 sont affranchis de tous droits et autres taxes de navigation.

Vient après comme importance le port du Moule, qui reçoit en moyenne une quarantaine de navires par an.

Les rades du Grand-Bourg et du Port-Louis ne sont visitées que par quelques charbonniers.

Les maisons de commerce appartiennent toutes à des Français. Le commerce consiste principalement à expédier des denrées du sol aux commissionnaires chargés d'envoyer en échange les marchandises qui leur sont demandées.

La moyenne du commerce de la Guadeloupe pendant les années 1883 à 1887, donne les résultats suivants :

Importations...................... 22.064,000f 00
Exportations...................... 22.766,000 00

Moyens de communication.

La Guadeloupe a des relations régulières et directes ;

1º Par les paquebots de la compagnie générale transatlantique avec la France, la Martinique, la Guyane française et les colonies anglaises de Sainte-Lucie, de la Trinidad et de Demerari ;

2º Par les bateaux de la compagnie anglaise *Royal Mail* avec la France, l'Angleterre, la Martinique et les colonies anglaises de la Barbade, de la Trinidad, de Grenade, de Saint-Vincent, de Sainte-Lucie, de la Dominique, d'Antigue et de Saint-Christophe.

Indirectement et au moyen des mêmes compagnies, elle communique avec les colonies espagnoles de Porto-Rico et de la Havane, avec le Mexique et les Etats-Unis.

Les relations directes avec ce dernier pays, quoique nombreuses, n'ont lieu presque toujours que par voiliers. Avec l'Inde, elles se bornent à quelques navires qui importent du riz ou des convois d'immigrants.

En 1873, une compagnie française et une compagnie anglaise s'établirent pour relier le Havre aux Antilles. La première de ces compagnies fonctionna pendant une année ; la seconde n'envoya qu'un bateau et cessa ses opérations.

Une compagnie américaine, sous le titre : *Quebec and Gulf Ports Steam Company,* fut créée, en 1879, dans le but d'établir des relations mensuelles et directes entre la colonie et New-York. Cette compagnie suspendit pendant quelques mois ses escales à la Guadeloupe. Mais aujourd'hui le vapeur *Baracouta* fait escale une fois par mois à la Pointe-à-Pitre venant d'Amérique, et au retour s'arrête à la Basse-Terre.

Fret.

Les prix du fret ne peuvent guère être déterminés que pour les ports de France et celui de New-York aux Etats-Unis ; les navires chargeant pour d'autres destinations traitant d'ordinaire directement avec les affréteurs, leurs conditions restent ignorées.

Voici, par port de France, le taux moyen des cinq dernières années 1883 à 1887 inclus.

Le Havre......	43f 00 le tonneau.
Bordeaux................	45 00
Marseille................	45 00
Nantes................	40 00

Pour New-York, le prix du fret est calculé par barrique de sucre, et peut être évalué à 3 dollars 1/4 la barrique.

Routes, chemins, rivières navigables.

Les voies de communication intérieures consistent en routes coloniales et chemins vicinaux. Les chemins de grande communisation ont cessé d'exister, par suite d'une décision qui les a assimilé aux routes coloniales.

Ces voies sont nombreuses et. en ce qui concerne les routes coloniales, généralement bien entretenues. Leur conservation est confiée au service local des ponts et chaussées ; leur police est réglée par des décrets coloniaux dont les dispositions sont généralement empruntées à la législation métropolitaine et notamment par le décret colonial du 21 juillet 1842.

Les cours d'eau, sauf le canal de Rotours, dans la commune du Morne-à-l'Eau, et, sur un faible parcours, un petit nombre de rivières, ne sont pas navigables.

Une particularité à mentionner, c'est que, d'après la jurisprudence, les lits comme les bords de tous les cours d'eau navigables ou non font part e du domaine colonial

Presque toutes les usines de la Guadeloupe sont desservies par des chemins de fer industriels, qui transportent les cannes des différents lieux de production aux centres de fabrication. Le projet d'établissement d'un service public de transport par chemin de fer entre la Pointe-à-Pitre et le Moule a été plusieurs fois mis à l'étude. La question est encore pendante. Il paraît certain que ce service, organisé sur des bases économiques, telles que les comporte un petit parcours de 30 kilomètres. donnerait de bons résultats. Une concession de cette nature a été faite. en 1883, à un industriel de la Capesterre pour le service entre le bourg de cette commune et le port de Sainte-Marie Cette mesure, qui a pour principal effet d'ouvrir une issue à la production dans cette partie de la colonie, constitue un précédent que la Guadeloupe aurait grand intérêt à suivre dans l'avenir. En attendant, les communications intérieures sont assurées par des diligences et des bateaux. De grandes embarcations appelées pirogues font aussi les transports entre les points rapprochés du littoral.

Un bon nombre de ponts, dont quelques-uns sont de beaux ouvrages d'art, relient entre elles les parties de routes coloniales situées des deux côtés des cours d'eau ou des ravins profonds qui déchirent le terrain en maints endroits. Parmi ces ponts, il faut citer ceux de la rivière des Pères et du Galion à la Basse-Terre, de la rivière Noire à Saint-Claude et surtout celui de la Grand-Rivière à Sainte-Rose. le plus beau de tous.

Le pont de la Lézarde, au Petit-Bourg, est aujourd'hui terminé et ouvert à la circulation. Ces ponts établissent entre de grands centres de production des communications dont la nécessité se faisait sentir depuis longtemps. La construction d'un pont sur la Rivière-Salée, entre les territoires de la Pointe-à-Pitre et de la Baie-Mahault, est également décidée et sera bientôt mise à exécution.

Les rivières navigables de la Guadeloupe sont :

Dans la commune de Sainte-Rose, La Viard, navigable à 1,500 mètres de l'embouchure ; sa largeur moyenne est de 30 mètres.

La Moustique, navigable jusqu'au passage de la route coloniale. Parcours de 1 kilomètre.

Dans la limite des communes de Sainte-Rose et du Lamentin, la Grand'Rivière Goyave, navigable jusqu'au passage de la route coloniale, sur un parcours de 7 kilomètres 500 mètres ; sa largeur moyenne est de 60 mètres.

Dans la commune du Lamentin, la rivière du Lamentin navigable jusqu'au passage de la route coloniale n° 2, sur un parcours de 1 kilomètre.

Dans la commune de la Baie-Mahault, la rivière du Bongoût, navigable jusqu'à 800 mètres dans les terres, sur une largeur moyenne de 25 mètres.

Dans la commune du Petit-Bourg, la Lézarde, navigable jusqu'au passage de la route coloniale n° 1, sur un parcours de 3 kilomètres ; sa largeur moyenne est de 30 mètres.

La Trinité, branche de la Lézarde, navigable au passage de la route coloniale n° 1, jusqu'à 700 mètres dans les terres.

Industrie.

Dans le pays, il n'y a guère que la fabrication du sucre qui constitue une véritable industrie. On pourrait y ajouter la fabrication du rhum et la mise en pâte du roucou, ainsi que le bonifiage du café, qui se fait séparément, dans quelques établissements, pour les producteurs qui n'ont pas chez eux les installations nécessaires. Il n'existe qu'une petite fabrique de chocolat établie depuis peu. Le cacao récolté dans l'île s'exporte ou est, en petite quantité et d'une manière très primitive, réduit en pâte par les producteurs eux-mêmes pour la consommation locale.

Plusieurs tanneries sont établies dans l'île ; la plus importante est celle de M. A Colardeau. Beaucoup de matières fibreuses pourraient servir à la fabrication du papier, mais on n'en tire aucun parti.

On ne connaît aucun dépôt de minerai à la Guadeloupe. Dans la commune de Sainte-Anne, on trouve de bonnes carrières de pierres de taille tendres qui peuvent être découpées à la scie aussitôt après l'extraction et qui durcissent à l'air. Dans les dépendances des Saintes et de Saint-Martin, il existe de la bonne terre à poterie, dont on pourrait faire des tuiles, des briques et d'autres ouvrages. On ne s'en sert guère que pour confectionner des cruches et des potiches grossières, dans lesquelles l'eau se tient fraîche à cause de leur porosité. A Saint-Martin, il y a quelques salines qui donnent de l'emploi à la population pendant la récolte du sel. Aux Saintes, au Vieux-Fort, à la Désirade et sur les îlets du port de la Pointe-à-Pitre, on fabrique de la chaux avec les madrépores qui sont recueillis dans les bas-fonds de la mer.

Il n'y a point à la Guadeloupe d'industrie forestière proprement dite. On y trouve de beaux et bons bois de constructions et d'ébénisterie, mais l'exploitation en est laborieuse, parce qu'ils sont épars dans la forêt et difficiles d'accès. Une scierie mécanique trouverait avec peine de quoi s'occuper constamment, car il faudrait transporter les matériaux de loin, après les avoir assemblés à la cueillette dans les montagnes. Les arbres qu'on abat sont généralement débités et sciés sur place, après quoi, les matériaux qui en proviennent sont transportés, à mains d'homme, hors de la forêt. La majeure partie des bois de construction proviennent cependant des Etats-Unis d'Amérique.

La mer pullule de poissons ; on n'en prend que pour la consommation locale et journalière ; tout le poisson salé est importé.

Depuis environ vingt ans, la pêche de la baleine est pratiquée, sur les côtes de la Guadeloupe et particulièrement dans les eaux territoriales de la dépendance de Marie-Galante, par les navires d'une compagnie américaine de Provincetown, ville de l'Etat de Massachusets, aux Etats-Unis.

Au début, elle a été productive à ce point que le premier baleinier dut, avant la fin de la saison, aller déposer ses huiles à la Barbade pour recommencer ses opérations. Aujourd'hui les baleines pourchassées sont devenues plus farouches ; mais si l'on arrive à les capturer plus difficilement, elles sont néanmoins assez nombreuses pour répondre largement aux besoins des quelques baleiniers qui fréquentent annuellement ces parages.

La pêche tant à la Guadeloupe qu'aux Bermudes comprend une période de sept mois. Au lieu d'y employer des bâtiments d'un fort tonnage et de risquer ainsi de gros capitaux, les Américains ont donné la préférence à des goëlettes d'environ 100 tonneaux, fins voiliers, montées de douze hommes, tous engagés à la part pour la durée de la campagne.

Les goëlettes arrivent vers la fin de février ou au commencement de mars au plus tard et pêchent jusqu'en mai. Leur champ de course comprend les eaux de la Guadeloupe proprement dite, de la Grande-Terre, des Saintes, de Marie-Galante et de la Désirade. Depuis quelques années, elles semblent rechercher le voisinage de cette dernière île ; mais c'est toujours dans la baie de Saint-Louis à Marie-Galante qu'elles viennent dépecer leurs captures, afin d'échapper aux grands vents de large qui soufflent dans cette saison.

Chaque navire fait en moyenne quatre ou cinq prises par an, ce qui équivaut par navire à un chargement approximatif de 40,000 litres d'huile. La récolte terminée, il va s'approvisionner d'eau douce et de combustible à la Dominique et fait voile, vers la fin de mai, pour les Bermudes, où il continue la pêche jusqu'en septembre, époque à laquelle prend fin la campagne.

Au moyen de cinq goëlettes par an, la chasse de la baleine a donc produit, pendant ces vingt dernières années, le chiffre relativement considérable de 4 millions de litres d'huile.

La pêche de la baleine est à peu près libre sur les côtes de la Guadeloupe, en ce sens qu'elle n'est soumise à aucune réglementation ni à aucune redevance autre que celle qui consiste dans le dépôt, au commencement de chaque campagne et par chaque navire, d'une somme de 200 francs. Ces sommes forment un fonds commun destiné à pourvoir aux frais d'enlèvement des baleines mortes qui viennent assez fréquemment échouer sur les rivages de l'île.

La persistance que les baleiniers américains mettent à chasser dans les eaux de la Guadeloupe est une preuve suffisante qu'ils y trouvent de grands avantages; aussi est-il permis de regretter que la France n'arme plus pour la pêche de la baleine et laisse, par suite, exclusivement aux étrangers l'exploitation de cette source de profits.

Régime du travail.

Le travail a été pendant longtemps, régi aux colonies d'après des règles plus rigoureuses qu'en France. Ces règles se trouvent formulées dans le décret du 13 février 1852, dont l'article 10 contient le principe des sanctions à l'aide desquelles le législateur de l'époque s'était proposé d'assurer la fréquentation régulière des ateliers agricoles. L'article dont il s'agit, contraire au droit commun, en ce sens qu'il définit le délit de vagabondage autrement que ne le fait la loi métropolitaine, avait pour conséquence de contraindre la population ouvrière des campagnes et les personnes attachées à la domesticité à contracter des engagements d'au moins un an ou à se pourvoir d'un livret. Une autre prescription du même décret soumet à l'application des peines de police les manquements par les engagés aux obligations résultant des contrats de travail. Ces dispositions furent complétées par divers actes, qui fixèrent les rapports réciproques des patrons et employés, spécialement en ce qui concerne les justifications relatives au livret; déterminèrent les conditions du mouvement de la population et organisèrent une discipline spéciale, dont la sévérité ne tarda pas à jeter le discrédit sur un état de choses qui ne laissait pas assez de place aux libres manifestations de l'activité humaine. Le plus important de ces actes est pour la Guadeloupe, l'arrêté du 2 décembre 1857, qui, par des arrêtés postérieurs, fut modifié dans celles de ses parties qui impliquaient une dérogation manifeste au principe de la liberté individuelle. C'est ainsi que l'obligation du livret a été atténuée jusqu'au point d'être transformée en simple faculté; que l'immatriculation des personnes sur les registres des communes est devenue un devoir des municipalités, au lieu d'être une charge pour les particuliers; que la nécessité d'un permis de résidence, en cas de changement de commune, a été supprimé. Aujourd'hui, toute cette réglementation est, pour le moins, tombée en désuétude; les tribunaux n'appliquent plus l'article 10 du décret du 14 février 1852 qu'en s'inspirant de la disposition correspondante du code pénal, et le travail n'est plus soumis qu'aux conditions qui résultent du fonctionnement des lois économiques de l'offre et de la demande.

Cette dernière observation se rapporte seulement à la situation des travailleurs indigènes. Ceux-ci, débarrassés des entraves administratives qui s'opposaient à la spontanéité de leurs mouvements, se portèrent vers les occupations qui convenaient le plus à leurs goûts ou à leurs intérêts. Beaucoup d'entre eux ont fait l'acquisition de parcelles de terre qu'ils cultivent pour leur compte et où ils récoltent des vivres, du café, de la canne à sucre; ils contribuent ainsi pour une part notable, soit à la production des denrées de consommation locale, soit à l'alimentation des grands établissements industriels. D'autres sont restés attachés aux grandes propriétés, où ils s'emploient comme colons partiaires ou comme journaliers.

Le salaire ordinaire des journaliers est de 1 fr. 50 cent.

Le contrat de colonage partiaire ne semble pas produire partout les heureux résultats qu'on devrait pouvoir en attendre. La part qu'il fait aux colons est, le plus souvent, d'un tiers des bénéfices réalisés, les engrais et autres prestations de même nature restant à la charge du propriétaire.

Le travail à la tâche, qui fonctionne avantageusement à la Martinique, est peu répandu à la Guadeloupe.

C'est surtout par le moyen des ateliers permanents d'immigrants que les grandes propriétés entretiennent leurs cultures. La main-d'œuvre dans les fabriques, qui est mieux rétribuée, est fournie principalement par les ouvriers et journaliers indigènes.

A ces deux éléments, il s'en ajoute assez fréquemment un troisième, celui des indigènes des îles anglaises, travailleurs un peu nomades qui viennent, pendant l'époque de l'enlèvement des récoltes, chercher à la Guadeloupe un salaire plus rémunérateur que chez eux.

Le système du travail à la Guadeloupe serait insuffisamment indiqué, si l'on n'ajoutait quelques explications relatives à l'organisation et au fonctionnement de l'immigration dans cette colonie.

En 1848, après l'abolition de l'esclavage et alors que l'équilibre ne s'était pas encore établi dans les relations des cultivateurs et des propriétaires, ceux-ci se préoccupèrent de chercher à l'extérieur les bras qui leur manquaient.

Les premières opérations d'immigration étrangère à la Guadeloupe datent de 1854. De cette époque à 1887, il a été introduit avec le concours de la colonie :

Annamites	272
Chinois	500
Africains	6,600
Indiens	42,000
Total	49,372

Il restait dans la colonie au 31 décembre 1887, 17,000 Indiens environ, défalcation faite des repatriés et des décédés.

Quelques essais partiels d'immigration européenne avaient été précédemment faits, mais sans donner aucun résultat sérieux.

Les Africains, après l'expiration de leur engagement, ont continué à résider dans la colonie, se sont assimilés à la population indigène et sont d'excellents travailleurs. Ces hommes sont restés cependant dépourvus de toute nationalité régulière. Il est désirable que des mesures soient prises pour leur faciliter l'acquisition de la nationalité française qu'ils sollicitent depuis longtemps.

Quelques Chinois ont été rapatriés, la plupart sont partis pour les colonies voisines, ceux qui restent se sont livrés au commerce ;

quant aux Annamites, ils provenaient d'un recrutement défectueux
et sont devenus, à un certain moment, une cause d'embarras pour
la colonie ; à la suite d'une rébellion fromentée par un de leurs chefs,
ils ont été, par mesure judiciaire, dirigés sur Cayenne. Quelques
rares représentants de cette immigration restaient à la Guadeloupe ;
ils ont été renvoyés en Cochinchine en 1881.

Le recrutement des travailleurs à la côte d'Afrique ayant été interdit
en 1859, le gouvernement impérial, après de nombreuses négocia-
tions, signa avec le gouvernement anglais la convention du 1er juillet
1861 qui permettait de recruter, pour les colonies françaises, des
travailleurs sur les territoires indiens appartenant à la Grande-Bre-
tagne et d'embarquer les immigrants sujets de Sa Majesté britannique soit dans les ports britanniques, soit dans les ports français
de l'Inde.

A partir de cette époque, l'immigration devient une institution
régie par des règlements dont l'exécution est confiée dans l'Inde à
des agents de recrutement nommés par le gouvernement français,
agréés et contrôlés par le gouvernement britannique ; dans les colonies françaises, à des fonctionnaires chargés spécialement de la
protection des travailleurs indiens.

La police du travail avait été précédemment réglée par le décret
du 13 février 1852 et par des arrêtés rendus pour l'exécution de
cet acte, notamment celui de la Martinique du 10 septembre 1855.
La convention de 1861 stipula que ce dernier arrêté serait pris pour
base des règlements de travail applicables aux sujets indiens de
l'Angleterre. Ceux-ci se trouvaient par là dans une condition à peu
près identique à celle des cultivateurs du pays. Mais il faut remarquer qu'en ce qui concerne les cultivateurs indigènes, les dispositions
du décret de 1852 sont tombées en désuétude, tandis qu'elles ont
été formellement confirmées à l'égard des immigrants par des actes
spéciaux.

Quant aux mesures se rapportant à l'embarquement et au
transport des immigrants de toutes provenances, elles avaient été
fixées par un décret du 27 mars 1852, qui fut également applicable
à l'immigration indienne.

Les obligations et les droits des immigrants dans la colonie avaient
fait aussi l'objet de plusieurs arrêtés qui, à la suite de la convention
de 1861, furent abrogés pour faire place à une réglementation con-
forme.

Le service de la protection a été plusieurs fois réorganisé et en
dernier lieu par un arrêté du 20 février 1881, qui subsiste encore
aujourd'hui. Il relève exclusivement de la direction de l'intérieur. Il
a à sa tête un inspeccteur chef de service, sous les ordres duquel sont
placés un inspecteur-syndic, des syndics et des employés de
bureau.

Les syndics sont les agents directs de la protection ; ils résident
à portée des immigrants, dans les communes rurales. Ils se transportent fréquemment sur les propriétés, soit pour vérifier les plaintes
qui leur sont portées, soit pour s'assurer spontanément de l'exécution

des obligations des engagistes vis-à-vis des engagés. En cas de contestation, si leurs tentatives de conciliation demeurent infructueuses, ils saisissent la juridiction compétente.

Les fonctionnaires supérieurs sont chargés de contrôler les actes des syndics et spécialement d'examiner toutes les affaires qui se rapportent au contentieux du service. Ils sont tenus de faire des visites périodiques sur toutes les propriétés de leurs circonscriptions.

En ce qui concerne les plaintes journalières qui ont besoin d'une constatation immédiate, les secrétaires municipaux sont autorisés à représenter, dans chaque commune, le service de l'immigration.

Dans chaque arrondissement judiciaire est organisé un comité appelé *Syndicat protecteur*, dont font partie le procureur de la république, un avocat et un conseiller municipal et qui a pour mission d'examiner toutes les plaintes pouvant conduire à l'ouverture d'une action judiciaire au profit des immigrants. Ce syndicat a qualité pour représenter légalement les engagés dans leurs procès; il délègue le plus souvent pour cela le syndic du canton.

Un comité d'immigration fonctionnant à la Pointe-à-Pitre est en outre chargé de la préparation des mesures ayant pour objet la répartition des immigrants arrivant de l'Inde sur les différentes propriétés de la colonie.

La durée de l'engagement des immigrants est de cinq années. Ne sont pas considérés comme journées d'absence volontaire les jours de repos légal, de maladie dûment constatée, etc.

Après l'expiration de son contrat, l'immigrant est autorisé à réclamer, pour lui et sa famille, le passage de rapatriement dans l'Inde, à moins qu'il ne préfère se fixer dans la colonie sans engagement, auquel cas il perd son droit au rapatriement gratuit. Ne peuvent être autorisés à séjourner sans engagement dans la colonie que ceux qui justifient de l'exercice d'une industrie ou de moyens d'existence.

Le salaire minimum des immigrants est pour les hommes de 12 fr. 50 cent. par mois, pour les femmes de 10 francs et pour les enfants au-dessous de quatorze ans de 5 francs; ils ont droit, en outre, au logement, aux soins médicaux et à deux rechanges par an.

Tout engagiste est tenu d'avoir sur sa propriété un hôpital installé dans des conditions déterminées et de prendre un abonnement avec un médecin. Cette disposition ne paraît pas pouvoir s'appliquer rigoureusement aux petits planteurs, qui ne concourent aux distributions des convois que pour un ou deux engagés. Mais l'obligation d'assurer aux travailleurs les soins médicaux dans des conditions satisfaisantes n'en existe pas moins pour eux. En cas d'insuffisance de ces soins, l'administration serait autorisée à opérer le retrait des engagés ou à faire entrer ces engagés dans un hospice public.

Tout immigrant reçoit, à son arrivée dans la colonie, un livret qui lui appartient et sur lequel l'engagiste est obligé de consigner toutes les indications relatives à l'exécution de son contrat. L'engagiste a de son côté un livre-contrôle qui est la contre-partie du livret et qui doit être communiqué à toute réquisition aux agents de l'immigration. Les prescriptions règlementaires relatives à la tenue du livret et du livre-contrôle, sont sanctionnées par des peines de simple police.

D'après le décret du 13 février 1852, resté applicable aux contrats de travail, l'obligation du travail des immigrants est garantie par des dispositions plus rigoureuses que celles du droit commun. Pour chaque journée d'absence. le propriétaire a le droit de retenir, outre le salaire de cette journée et à titre de dommages-intérêts, le salaire d'une seconde journée. Mais cette retenue supplémentaire ne doit pas s'opérer plus de trois fois dans une période de trois mois. Après les trois retenues ainsi faites, l'engagiste peut se pourvoir devant le juge de paix pour faire prononcer contre l'engagé les peines de police prévues par la législation spéciale.

L'obligation de contracter des engagements de travail n'existe pas pour les travailleurs du pays et, par conséquent, ces dispositions ne leur sont pas applicables.

Immigration européenne.

Depuis longtemps il n'existe plus d'immigration européenne proprement dite à la Guadeloupe. Les Européens qui y viennent ne le font que dans un but commercial et s'en retournent de même. Peu se fixent aujourd'hui dans l'île ou y restent longtemps, à l'exception peut-être de quelques mécaniciens des grandes usines de la Grande-Terre.

La rapidité des communications. par paquebots à vapeur. entre l'Europe et les Antilles et la facilité que chacun a aujourd'hui de se pourvoir, par colis postaux, de tous les menus objets dont on peut avoir besoin ont fait disparaître cette armée de petits pacotilleurs européens qui voyagaient constamment entre le continent et les îles. Il y en avait parmi eux qui. s'enrichissant, finissaient par s'y établir, fondaient des maisons de commerce dans les principaux centres et devenaient possesseurs de propriétés rurales. Depuis l'avènement des usines, les grandes maisons de commission ont aussi disparu ; car les grandes fabriques à sucre importent directement aujourd'hui tout ce qui leur est nécessaire ainsi qu'aux propriétés rurales qui dépendent d'elles. Très peu d'Européens sont à présent employés sur les habitations comme géreurs ou économes ; on préfère généralement les employés du pays, qui coûtent moins et qui sont mieux acclimatés. La petite industrie a suffisamment d'ouvriers indigènes et il y en a parmi eux qui sont habiles ; seulement ils n'ont point de modèles nouveaux et ne font que recopier, les uns sur les autres, ce qui existe déjà, et rééditer ce qu'ils ont appris d'anciens ouvriers européens qui leur ont servi de maîtres dans les diffférents métiers. En cela il serait bon peut-être d'avoir, de temps en temps. quelques bons ouvriers du continent, qui pourraient les guider et répandre parmi eux les connaissances nouvelles et les progrès du siècle. Une excellente école professionnelle gratuite pour les jeunes gens est cependant établie depuis peu à la Basse-Terre, dans la caserne de l'artillerie, et promet de donner d'excellents résultats.

Les ouvriers maçons, charpentiers, charrons, etc., du pays gagnent de 3 à 5 francs par jour, selon les centres qu'ils habitent. Ce salaire serait à peine suffisant pour l'Européen, qui a besoin, pendant son acclimatement, d'une nourriture plus substantielle que l'indigène. Le pain et le vin sont chers ; la viande fraîche coûte de 1 franc à à 1 fr. 10 cent. les 500 grammes ; le poisson frais 60 centimes ; le poisson salé 40 centimes. Vu la douceur du climat, les vêtements de tous les jours coûtent peu à cause de leur légèreté, les draps et la façon des habits ainsi que la chaussure sont cependant relativement d'un prix assez élevé. La population est généralement bien vêtue et d'une tenue convenable.

Instruction publique.

L'instruction publique a pris, depuis peu d'années, à la Guadeloupe un développement assez considérable. Avant 1848, elle était à l'état rudimentaire. Quelques établissements libres d'enseignement secondaire avaient fonctionné dans la colonie avec des fortunes diverses ; en général ces établissements n'avaient pas prospéré, parce que les familles aisées aimaient mieux envoyer leurs enfants en France que de leur faire donner dans le pays une instruction nécessairement incomplète. Quant à l'instruction primaire, elle a encore été bien moins répandue jusqu'à l'époque où, sous l'empire des idées de transformation sociale qui commençaient à se faire jour, le ministère de la marine, sous le gouvernement de Juillet, entreprit de répandre un peu de lumière parmi les populations des campagnes ; des instituteurs et des catéchistes, choisis dans les ordres religieux des frères de Ploërmel et des sœurs de Saint-Joseph de Cluny, furent envoyés pour cela à la Guadeloupe. Après l'abolition de l'esclavage, la nécessité de l'éducation publique se faisant plus vivement sentir, cette institution primitive se développa assez rapidement. Le gouvernement de 1848 avait projeté d'élever, par l'instruction promptement et abondamment répandue, le niveau intellectuel et moral des hommes qu'il venait d'arracher à la servitude. C'est dans cette pensée que, parmi les nombreux décrets qui suivirent l'acte principal de l'abolition de l'esclavage, et qui portent la date du 27 avril 1848, il en a fait figurer un qui consacrait le principe de l'instruction primaire gratuite et obligatoire. Cette conception généreuse devait rester sans application effective, mais des écoles nouvelles avaient été établies sous la direction des deux Instituts de Ploërmel et de Saint-Joseph de Cluny. Le personnel de ces écoles avait été augmenté, dans des proportions malheureusement trop faibles encore, pour répondre à tous les besoins d'une jeunesse avide de savoir

En 1852, M. Lacarrière, premier évêque de la Basse-Terre, obtint avec diverses concessions l'autorisation de fonder dans cette ville un séminaire collège, dont trois professeurs furent empruntés d'abord au clergé colonial. Cet établissement ne laissa pas de rendre de grands services à la Guadeloupe. Placé toujours sous la direction de l'évêque, il a aujourd'hui un personnel spécial de maîtres, qui provient de la congrégation du Saint-Esprit.

Quelques années après, en raison de l'extension que l'enseignement secondaire avait prise dans les différentes colonies, un décret
du 23 décembre 1857 institua des certificats de capacité, que déli-
vraient des jurys locaux et dont les titulaires étaient autorisés à
prendre, dans les facultés de droit ou de médecine, les quatre
premières inscriptions. Ces certificats, à la suite d'un examen
général passé devant une faculté de France, pouvaient être échangés
contre des diplômes de bachelier ès lettres ou ès sciences.

Par un décret du 26 octobre 1871, il fut décidé que les certificats
de capacité pourraient être, à l'avenir, convertis en diplômes de
bachelier, sans nouvel examen spécial et sous la seule condition
qu'une faculté de France serait appelée à vérifier les épreuves et
autres titres des candidats, qui devaient d'ailleurs justifier, au
moment de l'examen local, d'un séjour d'au moins deux ans dans
la colonie.

D'autres actes postérieurs, tels que les décrets du 2 avril 1875 et
du 11 décembre 1880, ont, en confirmant ces dispositions, rendu
applicables aux examens passés dans la colonie les conditions
exigées en France pour l'obtention des diplômes de bachelier ès
lettres ou ès sciences.

Depuis longtemps déjà, les religieuses de Saint-Joseph de Cluny
possédaient à la Basse-Terre, au lieu dit *Versailles*, un pensionnat
ou un grand nombre de jeunes filles recevaient et reçoivent encore
une éducation soignée.

C'est surtout à partir de l'année 1880 que des innovations importantes ont commencé à se produire dans le système scolaire de
la Guadeloupe. Dès cette époque, l'administration de la colonie
mettait à l'étude, de concert avec le conseil général, un projet
d'organisation générale de l'instruction publique et jetait en même
temps les premières bases de la fondation d'un lycée. Ce lycée a été
ouvert à la Pointe-à-Pitre le 1er septembre 1883.

La constitution du lycée de la Pointe-à-Pitre est la même que
celle des établissements du même ordre en France. Tous les règlements universitaires y sont appliqués et les chaires y sont occupées
par des professeurs empruntés au cadre du personnel métropolitain
de l'instruction publique. Ces professeurs continuent à jouir de tous
les avantages de la situation qu'ils ont acquise dans l'Université;
leur traitement est du double de celui auquel ils ont droit en France,
et, après cinq années consécutives passées dans la colonie, ils peuvent,
en rentrant en France, réclamer leur passage à la classe supérieure.
De plus, ceux d'entre eux qui ont passé dans l'enseignement
secondaire à la Guadeloupe dix années complètes, reçoivent, à titre
de pension spéciale, une allocation viagère représentant le sixième
de leur traitement colonial.

Ces dispositions sont applicables tant au personnel enseignant
qu'au personnel administratif, qui appartient également au corps
universitaire de France.

Le lycée est arrivé progressivement à donner des résultats très
atisfaisants. Ainsi, le nombre des élèves qui é,ait à la fin de l'année

scolaire 1887, de 188, est aujourd'hui de 328 et tout fait espérer que ce chiffre sera encore dépassé.

Cet établissement, dirigé et administré comme ceux de la métropole, comporte :

14 chaires pour l'enseignement secondaire classique,
4 pour l'enseignement secondaire spécial,
1 classe préparatoire,
1 classe enfantine,
1 professeur de langues vivantes,
1 professeur de dessin,
1 maître de musique,
1 maître de gymnastique.

La surveillance du lycée est assurée par un personnel de neuf maîtres.

Le lycée constitue un être moral dont les conditions d'exis'ence ont été fixées par le décret du 17 mai 1883.

Le fonctionnement de ses services intérieurs a été réglé par un arrêté local du 24 juillet 1883. Son budget pour l'année 1888, s'élève en recettes et en dépenses à la somme de 297,404 francs.

Dans cette somme se trouve comprise une subvention colcniale de 183,000 francs.

Le chiffre de cette subvention s'abaissera certainement à mesure que le nombre des élèves augmentera, il est cependant notablement inférieur à celui de la subvention des lycées dans les autres colonies; mais les agrandissements et les dépenses extraordinaires nécessitées par l'accroissement de la population du lycée, les réparations considérables que réclame l'entretien des bâtiments ne permettent pas d'espérer que la diminution du chiffre de la subvention soit immédiate. Le sacrifice néanmoins paraîtra moins lourd au Conseil général, quand il verra le succès du Lycée répondre à ses efforts.

La colonie entretient, en outre, dans l'établissement, des bourses pour une somme de 16,000 francs; les communes affectent à la même destination une somme totale de 12,000 francs.

Le mouvement d'extension de l'instruction secondaire, qui s'est manifesté par la création des lycées coloniaux, a eu pour conséquence la reconstitution des jurys d'examen pour le baccalauréat, où une place prépondérante devait naturellement être donnée à l'élément universitaire. Tel a été l'objet du décret du 27 août 1882.

Des réformes importantes ont été accomplies aussi au profit de l'instruction primaire.

L'organisation de cet enseignement est régie à la Guadeloupe par une série de dispositions particulières :

1o L'arrêté du 14 octobre 1880, modifié par celui du 12 mars 1883, portant règlement des écoles primaires publiques;

2o L'arrêté du 21 février 1881, portant création d'une caisse de l'instruction primaire;

3o L'arrêté du 31 janvier 1882 sur l'organisation provisoire de l'instruction primaire;

4° L'arrêté du 9 juin 1882 sur les dépenses de l'instruction primaire à la charge des communes ;

5° L'arrêté du 3 avril 1883, réglementant le service de l'inspection primaire ;

6° L'arrêté du 4 avril 1884, instituant un certificat d'études primaires,

7° L'arrêté du 20 avril 1883, réglant l'organisation pédagogique des écoles ;

8° Le règlement du 20 avril 1883, déterminant les programmes de l'enseignement primaire ;

9° La décision du 5 juillet 1883, fixant la liste des ouvrages classiques qui pourront être mis en usage dans les écoles primaires de la colonie ;

10° L'arrêté du 21 janvier 1885, déterminant le traitement des instituteurs et institutrices laïques.

L'article 68 de la loi du 30 octobre 1886 a rendu applicables dans la colonie la loi du 16 juin 1881 sur les titres de capacité, l'article 1er de la loi du 16 juin 1881 sur la gratuité ; la loi du 28 mars sur l'obligation ; enfin la loi du 30 octobre 1886 sur la laïcité.

Divers autres actes ont statué sur la tenue des écoles et les plans d'études, sur la situation matérielle des instituteurs, sur la création des instituteurs primaires, sur les conditions d'obtention des brevets et certificats. Des jurys spéciaux fonctionnant soit dans les deux principales villes, soit dans les centres de régions administrativement désignées, ont été institués pour la délivrance des certificats d'étude primaire et des brevets de capacité pour l'enseignement primaire simple ou supérieur.

Au 1er janvier 1889, le personnel de l'enseignement primaire se composait de :

Un inspecteur primaire ;

63	instit. congrég.	dirigeant	12 écoles	avec 3.345 élèves.
70	— laïques	—	38 —	avec 3.085

Soit 133 instituteurs dirigeant 50 écoles avec 5.430 élèves.

84	instit. congrég	dirigeant	27 écoles	avec 3.558 élèves.
17	— laïques	—	15 —	avec 661

Soit 101 institutrices dirigeant 42 écoles avec 4,219 élèves.

Il y a donc à la Guadeloupe 234 maîtres ou maîtresses, 92 écoles et 9,646 élèves.

Ces écoles sont placées sous la surveillance d'un inspecteur résidant à la Basse-Terre.

L'Administration fait tout ce qu'elle peut pour le développement de l'instruction primaire laïque dans la colonie. Les textes ci-dessus et l'institution de l'école normale pour la formation d'un personnel d'instituteurs en sont la preuve. Cette école fonctionne avec trente élèves-maîtres depuis le 4 avril 1888.

L'enseignement libre est représenté, pour les garçons, par :

Le collège diocésain de la Basse-Terre,

L'externat des frères de la Pointe-à-Pitre.

Et pour les filles, par :

Cinq écoles dirigées par des institutrices de l'ordre de Saint-Joseph de Cluny ;

Et six écoles laïques.

L'enseignement libre instruit environ mille élèves.

La loi du 30 octobre 1886, en déclarant applicables à l'Algérie, aux Antilles et à la Réunion les dispositions essentielles qui régissent, en France, l'enseignement primaire, a trouvé la gratuité un fait accompli à la Guadeloupe.

L'Administration, avec le concours du Conseil général, se préoccupe activement de mettre au plus tôt en vigueur les prescriptions de cette loi en ce qui concerne l'obligation ainsi que la laïcisation des écoles.

Les ressources ordinaires du budget n'auraient pu fournir les moyens nécessaires pour cette importante transformation de l'enseignement primaire dans la colonie. Aussi, le Conseil général a-t-il donné son adhésion à un projet d'emprunt qui lui a été présenté par l'Administration et dont la réalisation permettra de pourvoir aux besoins les plus pressants en ce qui concerne les locaux et le mobilier scolaire.

La colonie espère que ses communes, absolument assimilées à celles de la métropole, au point de vue de l'instruction primaire, seront admises comme celles-ci à participer aux libéralités de l'Etat.

Quant à l'œuvre de la laïcisation, elle se poursuit progressivement grâce à l'installation d'une école normale au chef-lieu qui, sous la direction de maîtres expérimentés, assure à l'Administration un recrutement assuré d'instituteurs créoles.

Un décret nouvellement rendu a institué, pour les membres du personnel de l'instruction primaire aux colonies, des récompenses consistant en médailles et mentions honorables décernées par l'autorité métropolitaine. La concession des médailles entraîne une amélioration du traitement des instituteurs.

L'enseignement professionnel a été organisé au commencement de l'année 1884, par la création d'une école annexée à la direction de l'artillerie à la Basse-Terre. Cette école, qui était placée sous les ordres de MM. les officiers d'artillerie, a été supprimée par le conseil général à sa session ordinaire de 188x et sera remplacée par des cours professionnels qui seront ouverts à la Basse-Terre, à la Pointe-à-Pitre et au Moule.

Indépendamment des ressources affectées aux établissements appartenant à la colonie ou aux communes, le service local de la Guadeloupe entretient un certain nombre de bourses dans les institutions libres de la colonie ainsi que dans les lycées et écoles de France. Ces bourses, en ce qui concerne l'enseignement supérieur et professionnel, sont réparties entre l'école centrale des arts et manufactures, l'école des hautes études commerciales, les écoles d'agriculture, l'institution Livet de Nantes, les écoles d'Angers et de Châlons et les écoles vétérinaires. Des subventions spéciales sont accordées à un certain nombre de jeunes gens, élèves des facultés de droit, de médecine, des lettres ou des sciences.

Le service de l'instruction publique à la Guadeloupe dépend de l'administration du directeur de l'intérieur, qui exerce, en cette matière, les attributions dévolues au recteur en France. Cette indication de pouvoir a été inscrite dans l'ordonnance du 9 février 1827, qui est encore en vigueur.

A côté des fonctionnaires préposés à la direction immédiate de l'instruction publique, se trouve une commission centrale, chargée de la surveillance générale de l'enseignement et dont le siége est à la Basse-Terre. Cette commission, présidée par le directeur de l'intérieur, a été instituée par arrêté du 14 octobre 1880.

Dans chaque commune se trouve une commission de surveillance des écoles, qui fonctionne sous la présidence du maire avec le concours, quand il y a lieu, de l'inspecteur primaire.